VIVAVENEDIG

ELZEVIRO

Es gibt eine Stadt auf dieser Welt
So wunderschön und seltsam auch
Als wär's eine Fee, die zum Spiel sich gesellt,
oder wie ein Blick aus des Herzens Tiefen.
Gehüllt in einen rosigen Hauch
Erscheint vor uns mit den Palästen, Gärten, Kirchen,
Und schwebt so zwischen zweien dieser Blaus:
Jenem des Meeres und dem des Himmels auch...

Diego Valeri

Paola Zoffoli - Paola Scibilia

VIVAVENEDIG

ein Reiseführer
für große und kleine Kinder

ELZEVIRO

VIVAVENEDIG
ein Reiseführer
für große und kleine Kinder

© Elzeviro, 2. Auflage 2010

ISBN 88-87528-18-7

Koordination Graphik
und Verlagsleitung
Alessandro Tusset

Texte
Paola Zoffoli © 1998

Übersetzung
Birgit Küffner

Bilder
Paola Scibilia © 1998

Redaktionelle Beratung
Alessandra Tamberi
Textkontrolle
Laura Campisi

Druck
Centrooffset Master

EDIZIONI ELZEVIRO
via A. Diaz 20, Treviso (Italia)
www.elzeviro.com
e-mail: info@elzeviro.com

Wir danken von ganzem Herzen Guido Lion
(für die geschichtliche Beratung und die Hilfe
beim umfassenden Korrekturlesen des Textes),
Fabrizia Maschietto (für die freundliche
Unterstützung), Michelle Lovric (für ihre wert-
vollen Ratschläge) und Gianfranco Vianello (ein
echter Venezianer, der sich glücklich schätzte, sein
Wissen über die Sehenswürdigkeiten und
Geheimnisse dieser so außergewöhnlichen Stadt
mit uns zu teilen).
Wir möchten uns auch bei Kindern und
Jugendlichen aus Venedig für ihre Mitarbeit
bedanken. Mit großem Eifer haben sie für das
Kapitel Spiel und Spaß in Venedig Interviews
geführt. Danke auch an alle anderen, die uns bei
dieser spannenden Aufgabe zur Seite standen.
Schlussendlich wollen wir Venedig danken, dieser
faszinierenden und zauberhaften Stadt, in die
wir schon immer hoffnungslos verliebt sind.

Dieser Reiseführer ist Giulia, Matteo,
Sonam Guatso, Andrea, Jacopo
und allen jenen gewidmet,
die Venedig lieben.

Inhalt

Vorwort

Keinem anderen Ort auf der Welt gelingt es besser als der magischen Stadt Venedig, den Anschein zu erwecken, man befände sich auf einer fantastischen Entdeckungsreise zu den Geheimnissen einer Stadt. Als schwebte es zwischen Meer und Himmel, in einer Traumdimension, wo die Zeit stillzustehen scheint, liegt Venedig, und legt ruhmreich Zeugnis ab vom Prunk, der seine lange Geschichte geprägt hat: Die Geschichte einer Stadt, die Erfindergeist dem Meer abgerungen hat und die vom Meer ihre Kraft bezog, um zu einem Sinnbild für unvergängliche Schönheit zu werden.

Wir mussten ihr einfach diesen Stadtführer widmen: einen detaillierten "Plan" mit dem man sich sozusagen in eine "Schatzsuche" stürzen kann... denn genau darum geht es! Vor euch liegen die reich bebilderten Seiten dieses Buches und möchten euch alle Geheimnisse Venedigs von gestern und heute verraten, ihre Mythen, die Legenden, die Traditionen seiner BewohnerInnen, ihre bedeutenden Persönlichkeiten und die Ereignisse, die die Stadt so berühmt gemacht haben. Und neben den klassischen Routen – die Besichtigung von zahllosen Kirchen, Palästen und Museen – möchte dich dieses Buch mit ein wenig Fantasie dahin führen, dass du den Zauber eines anderen Venedigs schätzen lernst. Es ist ein Labyrinth aus einem verwobenen Netz gewundener Gässchen, in dem ihr euch verirrt und dann wieder findet, wo ihr ruhig dahinspaziert, eingelullt vom Raunen des Wassers oder einem Geplauder im venezianischen Dialekt. Schon allein dadurch fühlt man sich auf Urlaub. Vom Sonnenaufgang bis zum Sonnenuntergang, Stunde um Stunde, erscheinen tausend immer anders beleuchtete Venedigs vor dem Auge der Betrachter, denn es gibt tausend unterschiedliche Lichtverhältnisse, die die Stadt einhüllen und sie so geheimnisvoll schwebend erscheinen lassen. Dein Stadtführer will dir dabei helfen, wenn du gespannt all diese Reichtümer (die einem etwas zerstreuten Touristen manchmal verborgen bleiben) entdeckst oder aber einfach auf dein Gefühl vertraust, um die denkwürdigsten und faszinierendsten Aspekte dieser zauberhaften Stadt einzufangen. Du kannst sie dann, fast spielerisch, miteinander verbinden zu einem größeren Ganzen, das tief und echt für immer in deinem Gedächtnis eingeprägt bleibt.

Alessandro Tusset

Schwimmbad von S.Alvise

Ghetto

Garten der Ca' Savorgnan

Ca' d'Oro

Bahnhof

Museo di storia naturale

Ca' Pesaro

Ca' Mocenigo

Tronchetto

Campo San Polo

Chiesa dei Frari

Casa Goldoni

Canal Grande

Scuola di San Rocco

Campo Santa Margherita

Palazzo Grassi

Ca' Rezzonico

Campo Santo St

Accademia

Guggenheim-Samml

Kaianlagen

Zattere

Giudecca-Kanal

Schwimmbad von Sacca Fisola

Giudecca

Redentore

Murano

San Michele

Venezia

Torcello und Burano

San Zanipolo

Chiesa dei Miracoli

Scuola di San Giorgio degli Schiavoni

Rialto

Museo Querini Stampalia

S. M. Formosa

Arsenale

San Marco

Chiesa della Pietà

San Pietro di Castello

Museo Corner

Museo di storia navale

Riva degli Schiavoni

Chiesa della Salute

Giardini della Biennale

San Giorgio

Giardini di Sant'Elena

Zitelle

Lido

Zeichnung von Simone Furlan und Paola Scibilia

Geschichte

Der Markuslöwe

Venedig und die Löwen

Wenn du die Stadt erkundest und über die großen und kleinen Plätze ↱ s.S. 29-30 streifst, gehört der **geflügelte Löwe** sicherlich zu den Figuren, die du am leichtesten entdeckst und von denen du am meisten findest. Allein auf dem Markusplatz gibt es mindestens 14.

Auf der **Piazzetta dei Leoncini** (Platz der kleinen Löwen) neben der *Markuskirche* ↱ s.S. 82-83, findest du zwei, die besonders kleinere Kinder sehr gerne mögen: Auf ihnen darf geritten werden! Und die anderen Löwen, entdeckst du sie auch?

Um eine ganze Reihe von Löwenstandbildern zu sehen, vier insgesamt, musst du nur zum *Arsenal* spazieren, dem Ort, an dem die Venezianer die Schiffe für ihre Seerepublik bauten und instand setzten, heute hat dort das Militär seinen Standort. ↱ s.S. 99

Die zwei großen Löwen halten am Eingang Wache. Sie wurden als Kriegsbeute aus Piräus, dem Hafen von Athen, hier hergebracht.

Das Banner von Venedig
Das ist die Fahne der Repubblica Serenissima: sie zeigt einen geflügelten Löwen, den Beschützer der Stadt, goldfarben auf dunkelrotem Grund

15

Der geflügelte Löwe

Er wird mit dem offenen Buch des Evangeliums dargestellt, auf dessen Seiten die Inschrift PAX TIBI EVANGELISTA MEUS (Friede sei dir, Markus, mein Evangelist) zu lesen ist. Der Legende zufolge soll ein Engel diese Worte zum Heiligen Markus gesagt haben, als dieser auf den Inseln der Lagune unterwegs war, um zu predigen. Er wollte damit den Frieden der ewigen Ruhe ankündigen, die der Evangelist ausgerechnet in der Lagunenstadt finden würde. Der Leichnam des Heiligen liegt tatsächlich noch heute in der Markusbasilika in Venedig begraben. s.S. 82-83

Der Heilige Markus

Ursprünglich war der *heilige Theodor* der Schutzheilige von Venedig, doch später erwählten die Venezianer den heiligen Markus zum Schutzherrn und Vertreter ihrer Stadt, die beständig an Macht und Reichtum zunahm. Deshalb stahlen die beiden venezianischen Kaufleute *Rustego und Bon* heimlich die sterblichen Überreste des Heiligen aus *Alexandria in Ägypten*. Der Legende zufolge soll der Leichnam mit Stücken von Schweinefleisch bedeckt worden sein, um moslemische Kontrollore abzuhalten. Da im Islam Schweinefleisch tabu ist, konnten sie mit dieser List ohne entdeckt zu werden bis nach Venedig reisen, wo der Heilige in der Basilika verwahrt wurde. Der geflügelte Löwe, das Symbol für den *Evangelisten Markus*, ist damals zum Sinnbild für die Stadt geworden: die prächtige Kirche auf dem Markusplatz wurde dem Heiligen gewidmet. Der heilige Theodor und der geflügelte Löwe sind auf den beiden Säulen vor dem *Markusbecken* ↰ s.S. 90 dargestellt.

Der kriegerische Löwe
In Kriegszeiten wurde der Löwe mit geschlossenem Buch und einem Schwert in der Tatze zur Verteidigung der Stadt dargestellt. Er wurde so zum Symbol für die militärische Macht der Republblica Serenissima.

Die Entstehung der Stadt

421 v.Chr.: Die Tradition besagt, dass am 25. März dieses Jahres Venedig gegründet wurde.

450-453 v.Chr.: Die Barbaren fallen in Norditalien ein.

570 v.Chr.: Einige Flüchtlinge aus den Städten des Umlandes des heutigen Venedig siedeln sich auf den Inseln der Lagune an, um den Überfällen zu entgehen.

639 v.Chr.: Eine der ersten Ansiedlungen entsteht auf der Insel *Torcello*. Dorthin flüchtet der *Bischof von Altino* mit einer Gruppe von Getreuen. Sie gründen die *Kathedrale von Torcello*. ⌢ s.S. 118. Am Anfang steht die Gemeinde unter dem Schutz eines kaiserlichen Beamten von Byzanz.

697 v.Chr.: Der erste ortsansässige *Dux* (Doge) wird gewählt. Der Legende zufolge handelt es sich um *Paoluccio Anafesto*. ⌢ s.S. 90

8. Jh. v.Chr.: Das byzantinische Machtzentrum wird von *Heraklea nach Malamocco* auf der *Lido*-Insel verlegt. ⌢ s.S. 115 Die Handelsbeziehungen zu den Häfen entlang der Adria-Küste vertiefen sich, da die Lagunenstadt im Salzhandel eine strategisch wichtige Positon einnimmt.

810 v.Chr.: Der in Malamocco gewählte Doge übersiedelt ins Zentrum der Lagune, in das Gebiet von *Rivo Alto* (es entspricht den Inseln rund um Rialto ⌢ s.S. 92).

814 v.Chr.: Der Bau des ersten Dogen-Palastes beginnt. ⌢ s.S.87

828 v.Chr.: Die beiden venezianischen Kaufleute *Rustego* und *Bon* entwenden den Körper des heiligen Markus in Alexandria in Ägypten ⌢ s.S. 17 Der geflügelte Löwe wird zum Symbol für Venedig, das damit seine religiöse und politische Unabhängigkeit von Byzanz behauptet.

1000 v. Chr.: Die erste *Sensa* wird gefeiert, das Fest der Vermählung mit dem Meer ⌁ s.S. 111 aus Anlass des Sieges des Dogen *Pietro Orseolo* II gegen die Piraten in der Adria.

Durch regen Handelsaustausch wächst die wirtschaftliche und politische Macht Venedigs. Es ist nun bereit zur Eroberung des östlichen Mittelmeers. Die *Repubblica Serenissima* (durchlauchtigste Republik) ist geboren.

Auf ein Spielchen!
Ein geheimnisvolles Bild

Male mit deinen Lieblingsfarben alle Felder an, in denen du einen Punkt siehst. Dann entdeckst du, was auf dem Bild zu sehen ist.

Die Repubblica Serenissima (durchlauchtigste Republik)

Lage

Durch die Kreuzzüge gelingt es der Repubblica Serenissima, im Orient Stützpunkte für ihren Handelsverkehr zu gründen. Sie verfestigt so ihre Macht im Mittelmeerraum.

von der Repubblica Serenissima eroberte Gebiete

Diplomatie

Auf diese Weise wird Venedig schon bald zu einer so wichtigen politischen Macht, dass im Jahre 1177 der *Doge Ziani* als Vermittler bei der Versöhnung des Kaisers des Heiligen Römischen Reiches, *Friedrich Barbarossa*, und dem *Papst Alexander III* auftritt.

List

Die *Serenissima* macht sich den 4. *Kreuzzug* zunutze, um Byzanz zu besiegen: im Tausch gegen die zur Verfügung gestellte Flotte bringt der *Doge Enrico Dandolo* ↷ s.S. 90 die anderen Kreuzfahrer dazu, Konstantinopel zu belagern, das im Jahre 1204 erobert wird. Der Sieg verhilft den Venezianern zu wichtigen Handelsvorrechten.

Das politische System der Oligarchie

Das Regierungssystem der Republik hat über 1000 Jahre lang Bestand. Außer dem Dogen, dessen Befugnisse von der venezianischen Verfassung beschränkt werden, gibt es den *Rat der Zehn* (*Consiglio dei Dieci*, er urteilt über die Verbrechen gegen den Staat) und den *Großen Rat* (*Maggior Consiglio*, er setzt sich aus ungefähr 2000 Mitgliedern adliger Familien zusammen. Sie alle müssen im *Goldenen Buch* verzeichnet sein). Ihre Aufgabe ist die Wahl des Dogen und der anderen Beamten. Dieses System bezeichnet man als Oligarchie – das Wort kommt aus dem Griechischen und bedeutet Herrschaft von einigen wenigen. ↷ s.S.89

Marco Polo: Die unglaubliche Reise eines venezianischen Kaufmanns

Im Jahre 1261 bricht der junge Marco Polo, der in der Nähe von Rialto ↷ s.S. 92, in der Gasse *Corte del Milion* geboren wurde, mit seinem Vater *Nicolò* und seinem Onkel *Matteo* nach China auf. Nach vier Jahren kommen die drei venezianischen Kaufleute nach *Cambaluc*, dem heutigen Peking. Sie werden mit allen Ehren empfangen und bleiben über zwanzig Jahre am Hof des *Großen Kublai Khan*. Während seines Aufenthalts in China freundet sich Marco Polo mit Kublai Khan an und wird sogar zu seinem Botschafter ernannt. Besonders interessiert er sich für die Zucker- und Gewürzproduktion, die Herstellung von Seide und Baumwolle. Vor allem diese Produkte sind für den Westen von herausragender Bedeutung. Nach seiner Rückkehr in die Heimat wird er von den Genuesern gefangen genommen; im Gefängnis diktiert er seine Reiseerinnerungen auf französisch seinem Zellengenossen *Rustichello da Pisa*. So entstand die Erzählung *Il milione* (*Die Reisen des Marco Polo*).

Caterina Cornaro: Die schöne Königin von Zypern

Im 15. Jh. möchte die "Serenissima" sich die Insel Zypern einverleiben. *Caterina Cornaro*, eine edle Dame aus einer venezianischen Adelsfamilie, ehelicht 1472 *Giacomo II von Lusignano*, den Herrscher von Zypern. Aber schon ein Jahr nach der Hochzeit, als Caterina ein Baby erwartet, wird sie Witwe: die Legende besagt, dass der neugeborene Erbe von den Venezianern vergiftet wurde, weil diese über die Insel herrschen wollen. Caterina besteigt den Thron und regiert bis 1489, als sie nach Venedig zurückgerufen wird. Sie wird mit den sonst nur großen Herrschern vorbehaltenen Ehren empfangen und übergibt Zypern der Serenissima. Zum Ausgleich erhält sie dafür das Lehensgut Asolo, eine geschichtsträchtige Ortschaft nahe Treviso. Zum Gedenken an diese Feierlichkeiten wird noch heute am Canal Grande die *Regata storica* durchgeführt. s.S. 63

Die uneinnehmbare Stadt

Im 15. und 16. Jh. wird Venedig zur Großmacht : Es hat den nordöstlichen Teil Italiens erobert (*stato da tera*, Landstaat) und hat nach der Ausschaltung der Seerepublik Genua das Monopol auf den Handels- und Warenverkehr in der Adria – auch "Golf von Venedig" genannt – und im restlichen Mittelmeer (*Stato da mar* - Seestaat). Die überwiegend aus Holz gebaute Stadt wird rasch größer und dehnt sich immer weiter aus. Die Schiffswerft des *Arsenals* ist pausenlos mit der Herstellung von Schiffen und der Stärkung der Seeflotte beschäftigt. s.S. 99

Holz wird dadurch zu einem sehr wertvollen und strategisch bedeutsamen Werkstoff für das Überleben der Serenissima: anfangs kommt es aus den Wäldern des venezianischen Festlandes, aus Cansiglio und Montello, später, als dort schon alles abgeholzt ist, aus dem Cadore, Istrien und Dalmatien.

Holz wird auch für die Herstellung der *bricole* verwendet s.S. 49, jene langen Pfähle, die entlang der Kanäle für deren Schiffbarkeit sorgen. Sobald die Venezianer diese Hinweiszeichen entfernen, strandet jedes feindliche Schiff und sinkt in den seichten und sumpfigen Gewässern der Lagune ein. Dort wird es leicht zur Beute: Feinde können so die Stadt nicht angreifen.

Der Kampf gegen die Türken und der Niedergang der Stadt

Venedig muss nicht nur die *Liga von Cambrai* (1508) abwehren, die die Serenissima zerstören will, sondern bekommt es auch mit den Türken zu tun, die einige Besitztümer erobern und immer weiter vorwärts drängen. Der Sieg der venezianischen Flotte über die Türken in der *Schlacht von Lepanto* (1571) bringt keine wirkliche Wende und Venedig verliert immer mehr Gebiete. Im 17. Jh. bricht die Krise über Venedig herein: Die Stadt erleidet zwei verheerende Pestepidemien ↷ s.S. 79 und verliert das Monopol auf den Seehandel, der sich in die Nordsee und nach Amerika verlagert. Damit nimmt der Niedergang der großen Seerepublik seinen Anfang. Die Invasion Napoleons im Jahre 1797 besiegelt schließlich ihr endgültiges Ende. ↷ s.S. 40

Auf ein Spielchen!

Marco Polo auf der Spur

Verbinde die Punkte und entdecke die Route, die Marco Polo auf seiner langen Reise zurückgelegt hat. Sie wird im Buch *Die Reisen des Marco Polo* beschrieben.

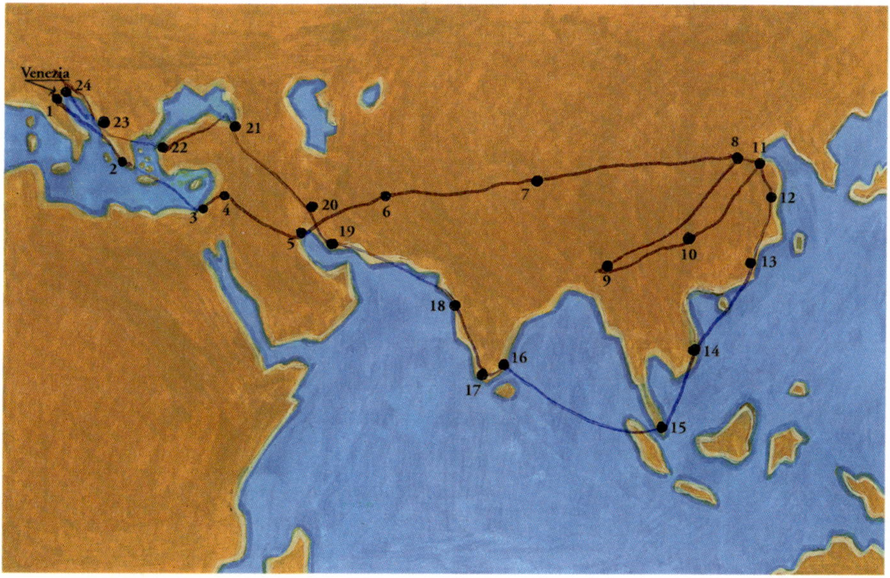

Venedig heute

Venedig ist Regions- und Provinzhauptstadt. Die Anzahl seiner Einwohner ist heute stark zurückgegangen, teils weil die Wohnungen so teuer sind (viele davon sind im Besitz von Ausländern, die sie nur wenige Wochen im Jahr nützen), teils deswegen, weil es auch sehr schwierig ist, Arbeit zu finden. Heute gibt es nur mehr 70 000 Stadtbewohner (1950 waren es noch 150 000), in Mestre dagegen leben 240 000 Menschen. Jedes Jahr verlassen ungefähr 2000 Einwohner Venedig und ziehen weg aus der Stadt. Dieses Phänomen nennt man auch "Exodus" und es hat zu einer Überalterung der Bevölkerung geführt. Das durchschnittliche Alter der Venedigbewohner liegt heute bei 50 Jahren. Im Vergleich zu anderen Städten Italiens sieht man hier kaum Kinder, Schulen und Kindergärten bleiben immer häufiger leer. Junge Paare ziehen oft aufs *Festland*, ein Begriff, mit dem die Venezianer nicht nur die Stadt Mestre bezeichnen (das mit Venedig eine Gemeinde bildet), sondern auch das ganze restliche Gebiet jenseits der **Ponte della Libertà**.

Der Bau dieser Brücke, die zuerst nur als Eisenbahnbrücke errichtet wurde (1846), dann auch eine Straße bekam, hat die Lage Venedigs vollständig verändert: einst eine isolierte Stadt, die nur auf dem Wasserweg erreichbar war, war sie nun plötzlich mit dem Festland verbunden.

Der **Flughafen Marco Polo** in Tessera (13 km von Venedig entfernt) ist für die Stadt das Tor zum Rest der Welt. Wer mit dem Auto anreist, muss es in einem der **gebührenpflichtigen Parkhäuser** auf **Tronchetto** oder an der **Piazzale Roma** abstellen. Venedig betrit man nur zu Fuß oder man kommt mit dem Boot!

Wirtschaft

Die Wirtschaftsentwicklung und der Wohlstand Venedigs sind schon immer mit der außergewöhnlichen geographischen Lage der Lagunenstadt verknüpft gewesen. Der **Fischfang** und der **Seehandel** sind die ältesten, traditionellsten Wirtschaftszweige. Der **Schiffsbau** und der **Hafenbetrieb** sind ein weiterer Bereich der Wirtschaftsaktivitäten der Stadt, besonders seit der neue Hafen für große Kreuzfahrtschiffe, die hier Station machen, errichtet wurde.

Die **Entwicklung der Industrie** konzentriert sich hauptsächlich auf die Zone um **Porto Marghera**. Sie stellt heute einen wichtigen Zweig der venezianischen Wirtschaft dar. Am produktivsten sind hier der chemische, der mechanische und der metallerzeugende Sektor.

Die **Landwirtschaft** ist auf den Anbau von Obst und Gemüse spezialisiert, vor allem auf den Laguneninseln *Le Vignole* und *Sant'Erasmo*. s.S. 113

Ebenfalls bedeutsam ist das **Handwerk**: die Glasproduktion, die Herstellung von Spitzen, die Erzeugung von Masken, Marmorpapier und luxuriösen Stoffen und auch die Vergoldung und Restaurierung von Möbeln, die Buchbinderei und die Goldschmiedekunst. s.S. 64 Der wirkliche Reichtum ist aber heute der **Tourismus**: Jedes Jahr werden mehr als 12 Millionen Besucher gezählt. Diese enorm wichtige Wirtschaftsbranche Venedigs schafft Arbeitsplätze im Hotelgewerbe, in den Restaurants, bei den Boots- und Gondelgenossenschaften, in den Touristeninformationsbüros und den kleinen Handelsbetrieben.

Leben in Venedig

In Venedig leben bedeutet, an einem Ort voll der Magie zu leben, einem Ort, der wirklich etwas ganz Besonderes ist. Eine Stadt, die auf dem Wasser gebaut wurde: Also keine Autos, keine Motorräder, keine Mofas. Nicht einmal Fahrräder, man müsste sie schließlich ständig auf der Schulter herumschleppen, um die vielen Treppen zu bewältigen: Stiegen und Räder passen einfach nicht zusammen!

Wenn man sich aber ständig unter Menschen bewegt, gibt es viele Gelegenheiten, einander zu begegnen: Du gehst nur aus dem Haus, um Brot zu kaufen und schon triffst du einen Freund, eine Freundin, bleibst stehen, um ein wenig zu plaudern und musst nicht erst einen Parkplatz für das Auto finden, du lernst, alles ein weniger ruhiger anzugehen. Der Lebensrhythmus passt sich in Venedig den Menschen an (und nicht umgekehrt).

Sicher wirst du Venezianer beobachten können, die mit ihren vollen Einkaufswägelchen die Brücken überqueren. Diese Stadt lehrt dich, an ihr deine Kräfte zu messen: alles, was gebraucht wird, muss mit Muskelkraft nach Hause geschafft werden, man achtet also verstärkt darauf, nichts Unnötiges einzukaufen. Außerdem gibt es keine großen Supermärkte oder Einkaufscenter: stattdessen gibt es kleine Läden, wo die Wahl zwischen den paar Markenartikeln nie besonders schwer fällt (aus Platzgründen beschränkt sich die ausgestellte Ware auf die wesentlichsten Dinge). Rundherum sprechen die Leute im venezianischen Dialekt: Das *venexian* ist die Sprache, durch die sich die Venezianer von den *foresti* (also den Nicht-Venezianern) unterscheiden. Es ist in allen Gesellschaftsschichten noch stark verbreitet.

...und was gibt's im Internet?

Wenn du ein leidenschaftlicher Computerfreak bist und ausführlichere Infos möchtest, dann findest du sie unter folgenden Internet-Adressen:

www.turismovenezia.it   **www.govenice.org**
www.virtualvenice.net   **www.venetianlegends.it**
www.venetia.it

Spannendes und Wissenswertes

Wie viele Brücken gibt es in Venedig?

416 Brücken, die 118 Inseln miteinander verbinden und sich über ca. 200 Kanäle spannen.

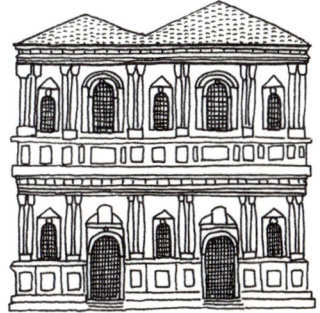

Was waren die Scuole Grandi (großen Schulen)?

Keine Schulen, sondern wichtige Handwerkszünfte, zu denen sich Leute zusammenschlossen, die dasselbe Handwerk ausübten, aber es waren auch wohltätige Einrichtungen, die sich um die Armen kümmerten und bisweilen religiöse Bruderschaften. Neben zahlreichen *kleineren Schulen* gab es in Venedig auch sechs *Große Schulen*, von denen jede ihre/n Schutzpatron/in hatte: *Santa Maria della Misericordia*, *Santa Maria della Carità*, *San Giovanni Evangelista*, *San Marco*, *San Rocco* s.S. 95 und *San Teodoro*.

Was bedeutet eigentlich das Wörtchen "ciao"?

Es kommt aus dem venezianischen *s'ciavo vostro* (ich bin euer Sklave), eine Höflichkeitsform, mit der man einander begrüßte.

Was sind "cicheti"?

Das sind kleine Imbisse, die man in den *bàcari* (typisch venezianische Bars/Imbissbuden) zu sich nimmt. Sie bestehen entweder aus Fleisch (wie bei Fleischbällchen), Gemüse (gegrillt oder aus der Pfanne) oder Fisch (wie die Stockfischbrötchen, die Spiesschen mit frittiertem Fisch oder die *sarde in saor* – saure Sprotten, die mit Zwiebel, Pinienkernen und Rosinen mariniert werden, eine alte Konservierungsmethode für Lebensmittel).

Ist die Lagune schon mal zugefroren?

Ja, schon öfter, wenn es sehr kalte Winter gab, wie im Jahr 1432, als die Venezianer erstmals zu Fuß aufs Festland gelangen konnten (damals gab es weder die Ponte della Libertà noch die Eisenbahnverbindung, man kam also nur übers Wasser in die Stadt) und im vorigen Jahrhundert im Jahr 1929.

Architektur

Wusstest du, dass...

Rio
So heißen die Kanäle, die wie unzählige Wasserstraßen die Stadt durchziehen.

Fondamenta
Das ist eine Straße, die entlang eines Kanals führt.

Campo
Das ist der Name für die Plätze in Venedig, die früher einmal mit Gras bewachsen waren.

Calle
So heißen die Straßen und Gassen in Venedig.

Brunnenbrüstung
aus Marmor oder behauenem Stein, ist dies der sichtbare, oberirdische Teil eines Brunnens der über ein komplexes, unterirdisches Sammel-, Filter- und Aufbewahrungssystem verfügt, mit dem man das Regenwasser zu Trinkwasser umwandelte.

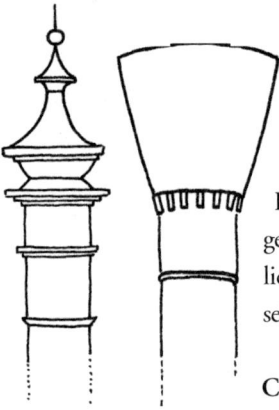

Calletta: eine enge Straße, sehr viel kleiner als eine calle.

Fumaiolo (Schornstein): Ist die Spitze eines Kamins und hat gewöhnlich die Form eines umgedrehten Stücks eines Kegels, ähnlich wie bei einer alten Lokomotive. Er kann auch wie ein Helm sein, wie ein lang gezogener Hut, ein Würfel oder wie ein Obelisk.

Campiello: ein Platz, viel kleiner als ein Campo.

Ramo: Bezeichnet eine kurze Seitengasse; sehr oft hat sie keinen Ausgang und ist daher eine Sackgasse.

Riva: Verläuft entlang der Lagune oder dem Kanal. Sie verfügt über einen gepflasterten Rand, an dem Boote anlegen können.

Sottoportego: Ein kurzer überdachter Durchgang unter einem Haus.

Salizada: Das ist eine wichtige Straße, die, anders als die Calle, mit Platten aus Kieselstein gepflastert ist.

Piscina: Bezeichnete sumpfiges Gelände, wo sich das Wasser staute, heute mit Erde zugeschüttet.

Ruga: Kommt vom Französischen rue (Straße): steht für eine calle, in der sich viele Geschäfte aneinanderreihen.

Corte: Eine Art kleiner Hofplatz, den sich mehrere Häuser teilen.

Rio terà: Ist ein Kanal, der vor einiger Zeit mit Erde aufgefüllt wurde, damit er zur Straße wird.

Unter dem sichtbaren Teil eines Brunnens (Brunnenbrüstung) liegt eine Zisterne, die mit Sand gefüllt ist. Damit wurde das Regenwasser gefiltert

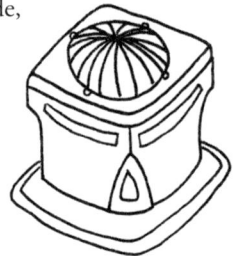

Altana: Heißt die typisch venezianische Holzterrasse, die wie ein Nest auf das Dach eines Hauses aufgesetzt wurde.

Stazio ist eine überdachte Einsteigstelle für Gondeln

Der **Campanile** (Glockenturm), fast immer mit quadratischem Grundriss, wurde auch als Kontrollturm zum Erspähen von Feinden benützt. An seiner Fassade befindet sich manchmal eine sehenswerte Uhr.

Ein **Sestiere** ist eines der sechs Stadtviertel, in die Venedig unterteilt ist: *Cannaregio, San Marco, Santa Croce, Castello, Dorsoduro* und *San Polo*.

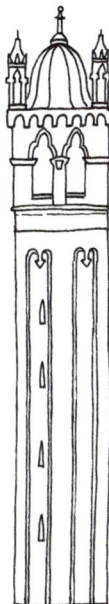

- Cannaregio
- San Marco
- Santa Croce
- Castello
- Dorsoduro
- San Polo

Eine venezianische **Adresse** führt im Gegensatz zu den Adressen in anderen Städten keinen Straßennamen an, sondern den Namen des Sestiere und die Hausnummer. Die Hausnummern, die pro Sestiere zusammengefasst sind, werden fortlaufend gezählt und können sehr hoch sein, es gibt sogar Nummern über sechstausend.

Hilfe! Ich habe mich im Labyrinth der venezianischen Gassen verirrt

Der Irrgarten von Straßen und Gassen ist so verwirrend, dass es ganz normal ist, wenn man sich mal verirrt; die Venezianer sind es gewöhnt, Touristen Auskunft zu geben, die nicht weiter wissen, weil sie den richtigen Weg nicht mehr finden. Verlier nicht den Mut, wenn du dich am Stadtplan nicht zurecht findest und nicht mehr weiterweißt: sicher gibt es immer jemanden, der dir zeigt, wohin du gehen musst.

Wie Venedig gebaut wurde

Venedig ist auf den schmalen Erdstreifen erbaut worden, die die Inseln der Lagune darstellen. Lange Zeit suchte man nach einer Lösung, um die Häuser "elastisch" und nicht zu schwer zu machen. Das erklärt auch, warum es so viele Lauben- und Bogengänge gibt: Damit wurden die Gebäude "ausgehöhlt" und dadurch leichter. Vor allem aber

Caranto

Das ist eine Mischung von Sand und Lehm, die in den tieferen Schichten des Lagunenuntergrunds zu finden ist. Dieser *Caranto* ist äußerst kompakt und eine sehr stabile Grundlage für den Bau des *Fundaments*, da er die Eigenschaft hat, die Holzpflöcke über Jahrhunderte zu konservieren. Sie werden darin so hart wie Beton.

Der Unterbau

Er besteht aus dicken Lärchen- oder Tannenholzpflöcken. In den *Caranto* gerammt und ins Salzwasser versenkt, werden sie hart wie Stein. Auf sie kommt dann der *zattaron*, eine Plattform aus zwei Lagen Holzplanken und eine Schicht aus fest miteinander verbundenen Steinen und Ziegeln, die mit riesigen Blöcken aus *Istria-Stein* versiegelt wurde. Dieser Stein ist eine Marmorart, die gegen Meerwasser nahezu unempfindlich ist.

liegt es an der besonderen Baumethode, die hier zur Anwendung kam. Diese Technik wurde vor mehr als tausend Jahren entwickelt, als man entdeckte, dass die Holzstämme aus den Lärchenwäldern der Serenissima, in den lehmigen Untergrund gerammt, durch den Kontakt mit Salzwasser im Laufe der Zeit hart wie Stein wurden.

Das Mauerwerk

Nun wird mit dem richtigen Bauen begonnen und die *Hauptmauern* vom Fundament ausgehend hochgezogen. An ihnen werden die *Böden* befestigt, die aus Holzbalken mit darüber liegenden Platten bestehen. Darauf wird der eigentliche Fußboden gelegt (*Terrazzo*). Er besteht aus Kalk, vermischt mit Stein- und farbigen Marmorstückchen, und wird zurecht geklopft, vergipst, geglättet und schlussendlich poliert.

Der Verputz der Paläste

Die Fassade kann in Ziegelansicht oder verputzt gestaltet sein. Oft ist sie mit "*coccio pesto*", einem typisch venezianischen Verputz in ziegelroter Farbe versehen. Dazu wird Kalk mit zerkleinerten Stücken von Ziegelsteinen und Dachziegeln vermengt.

Der Canal Grande

Venedig ähnelt mit seiner Form einem großen Fisch, der vom Canal Grande in zwei Teile geschnitten wird.

Diese Riesenschlange ist ungefähr 4.2 km lang und 3 bis 5 Meter tief. Sie teilt die Stadt in zwei Hälften: Auf der einen Seite liegen die Stadtteile Dorsoduro, San Polo und Santa Croce, auf der anderen Cannaregio, Castello und San Marco ⌒ s.S. 31 Nur vier **Brücken** überspannen insgesamt den Kanal.

Die "**vierte Brücke**" über den Canal Grande ist ein Werk des spanischen Architekten *Santiago Calatrava*. Sie verbindet die *Piazzale Roma* mit dem *Bahnhof* durch einen modernen bogenförmigen Laufsteg aus Glas, Stahl und Istria-Stein.

Die **Scalzi-Brücke** hat ihren Namen von der nahe gelegenen **Scalzi-Kirche**, die von den **Karmelitern** erbaut wurde. Sie trugen auch im Winter Sandalen ohne Strümpfe und wurden daher "*scalzi*" – Barfüßige – genannt…

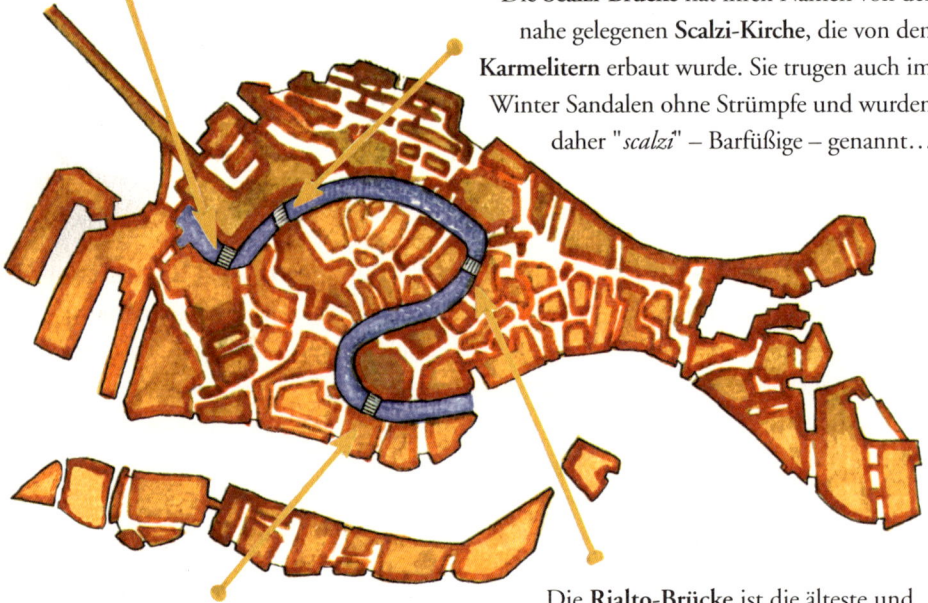

Die **Accademia-Brücke** wurde im 19. Jh. von den Österreichern ursprünglich aus Eisen konstruiert und später aus Holz neu gebaut.

Die **Rialto-Brücke** ist die älteste und berühmteste Brücke von den dreien.
⌒ s.S. 92

Wenn du mit der Gondel oder dem Vaporetto den Canal Grande entlangfährst, im venezianischen Dialekt liebevoll auch *Canalazzo* genannt, kannst du die wunderschönen Paläste (palazzi) bewundern, die mit ihrer Fassade auf diese breite Wasserstraße blicken. Die wichtigsten Bauten, entstanden zwischen dem 13. und dem 18. Jh., erscheinen als Prachtpanorama vor deinen Augen. Sie gehörten einst den großen Adelsfamilien, deren Namen sie noch heute tragen: Es sind dies die Paläste *Vendramin, Tron, Michiel, Venier, Foscari, Corner, Grimani, Barbarigo, Contarini, Pisani, Pesaro* und noch andere mehr. Sie alle wenden dem Canal Grande ihre Hauptfassade zu, die oft mit Bögen, Laubengängen, farbigem Marmor und großen Fenstern ausgeschmückt wurde. Einige dieser Gebäude sind heute Sitz von Verwaltungsbehörden (wie der *Palazzo Balbi*, der heute den Regionalrat der Region Veneto beherbergt), von Museen (wie die *Ca' Rezzonico*, Sitz des Museums des venezianischen 18. Jahrhunderts, s.S. 105) oder der Universität (*Ca' Foscari*).

Palazzo Grassi
An diesem Ort werden
Kunstausstellungen von
internationalem Rang durchgeführt
Telefon: 0039 041 5231680
San Samuele

Der Baustil der Paläste

Die ältesten Paläste wie die *Ca' Farsetti* oder die *Ca' Loredan* greifen auf den **venezianisch-byzantinischen Stil** zurück (13.Jh.). Sie sind wie die *Fondaco-Häuser* gebaut; Bauten mit einem *Bogengang* im ersten Stock und *Säulen* im Erdgeschoß zum Ausladen der Waren. s.S. 67

Ca' Farsetti

Ca' Foscari

Die **gotischen Paläste** (14. – erste Hälfte 15. Jh.) wie der *Dogenpalast*, die *Ca' Foscari*, der *Palazzo Pisani Moretta* oder die *Ca' d'Oro* sind mit raffiniertem und kostbarem Dekor ausgeschmückt, der wie elegante Spitze aussieht.

Zur Zeit der **Renaissance** (15./16.Jh.) lässt man sich bei den Fassaden der Paläste von der Klassik des alten Rom und Griechenlands inspirieren. Und das sowohl in der Form als auch in den harmonischen Proportionen.

Ca' Vendramin Calergi

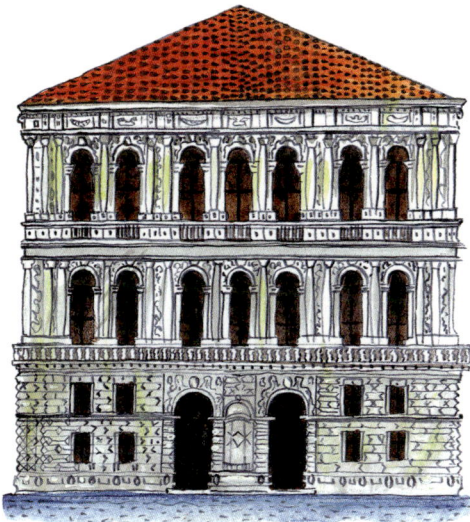

Ca' Pesaro

Als der **Geist des Barock** triumphiert (17. Jh.), werden Paläste gebaut, die sozusagen einen großen Bühneneffekt garantieren, wie die *Ca' Rezzonico* oder die *Ca' Pesaro*. An ihren imposanten Fassaden tummeln sich Grüppchen von Statuen und Säulen und betonen das Spiel von Licht und Schatten.

Der Baustil der Fenster

Die Fenster venezianischer Paläste sind durch kleine Säulen unterteilt und können daher **Zweiachsig** mit zwei Fensteröffnungen **Dreiachsig** mit drei Fensteröffnungen **Vielachsig** mit mehreren Fensteröffnungen sein.

Dreiachsig

Vielachsig

Die ältesten Fensterformen finden sich im **venezianisch-byzantinischen Stil**. Du kannst sie daran erkennen, dass die Fensterbögen besonders geformt sind, und zwar ein bisschen wie ein Hufeisen.

Die **gotischen Fenster** sind oft mit Blumenmotiven verziert und haben die typische, oben spitz zulaufende Form.

Zweiachsig

Um die Wirkung des Licht- und Schattenspiels zu verstärken, wurden im Barock die Fenster reich mit Säulen, Girlanden, Masken und Monstergesichtern ausgeschmückt
s.S. 145

Als sich schließlich der **Renaissance-Stil** durchsetzt, runden sich die Fensterbögen halbkreisförmig.

Der typisch venezianische Palast

Der venezianische Palast hatte drei Funktionen:
eine **öffentliche**, da er für die Adelsfamilie repräsentativ sein musste, die dort wohnte, eine **wirtschaftliche**, für den Handel und die Geschäfte, die im Erdgeschoss abgewickelt wurden, und er diente **Wohnungszwecken**, da er die Familie und ihre Dienerschaft beherbergte.

Die Hauptfassade des Palastes blickte immer auf den Kanal

Das Dachgeschoß beherbergte die Dienstbotenzimmer.

Die Familie selbst wohnte im Obergeschoß

Die Beletage (Hauptgeschoß) ist reich dekoriert und wird für Feste, Empfänge und die Unterhaltung der Gäste genutzt.

Im Mezzanin (Zwischengeschoß) befinden sich Büroräume und Archive.

Im Erdgeschoß liegen die Lagerräume für den Warenhandel und die Küche.

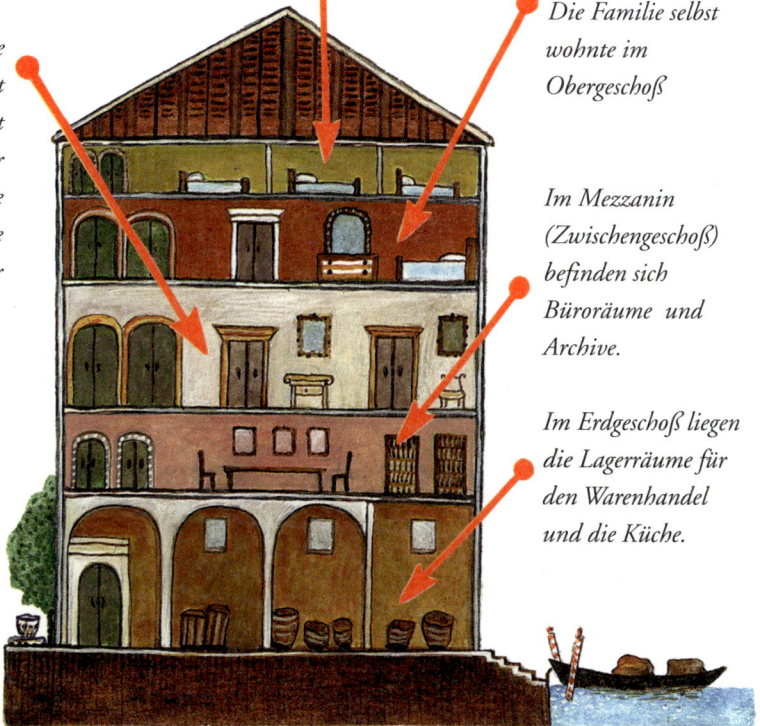

Manchmal liegt auf der Rückseite ein Garten oder ein Hof mit Brunnen.

Von Kanalseite aus ist der Zugang zum Palast durch das Wassertor gestattet.

Spannendes und Wissenswertes

Wer sprach den berühmten Satz "Ich werde in Venedig wie Attila einziehen"

Napoleon Bonaparte, bevor er den Venezianern den Krieg erklärte und am 1. Mai 1797 in Venedig einmarschierte. Der französische General übergab die Stadt später den Österreichern, die seine Verbündeten waren. Viele venezianische Patrioten (wie *Daniele Manin* und *Niccolò Tommaseo*) begehrten dagegen auf, weil sie Anhänger der revolutionären Ideen des Risorgimento waren. Erst im Jahr 1866 gelang es Venedig, sich von der österreichischen Herrschaft zu befreien und es wurde ein Teil des Königreichs Italien.

Wie viele Universitäten gibt es in Venedig?

Es gibt zwei sehr angesehene Universitäten: Die Universität *Ca' Foscari* (mit zahlreichen Fakultäten und Studiengängen, so z.B. fremde Sprachen und Literatur, Italienisch und Philosophie, Mathematik, Physik und Naturwissenschaften, Handel und Wirtschaft sowie Betriebswirtschaft) und die *IUAV*; die berühmte venezianische Architekturuniversität.

Was sind Tramezzini?

Das sind Dreiecke aus weichem Kastenbrot (*Toastbrot*), die mit Majonäse bestrichen und verschiedenen schmackhaften Auflagen gefüllt werden: Gemüse (Spinat oder Tomaten), Pilze, Schinken, harte Eier, Käse oder Fisch (Tunfisch, Krebsfleisch, Lachs oder Scampi).

Wer war der "Codega"?

Dabei handelte es sich um einen Leibwächter, der in der Nacht die vornehmen verkleideten Herrschaften – selbst mit der *bauta* ↷ s.S. 79 maskiert - begleitete und ihnen mit einer Laterne den Weg wies.

Was sind die Mercerie und die Frezzeria?

Es sind dies zwei wichtige Straßen in der Nähe des Markusplatzes. Ihre komischen Namen verdanken sie der Tatsache, dass es in den Mercerie früher zahlreiche Läden von Kurzwarenhändlern (*merciai*), Parfümerien und Apotheken gab. In der Frezzeria konnte man im Mittelalter Pfeile (*frecce*) kaufen.

Wer war Carlo Scarpa?

Ein berühmter venezianischer Architekt, dem es gelang, Restaurierungsarbeiten durchzuführen, ohne das Flair der Lagunenstadt zu zerstören oder zu verändern. Wenn es dich interessiert, wie alt und modern in Venedig harmonisch miteinander auskommen können, kannst du den **Garten des Querini Stampaglia-Palastes** beim Campo Santa Maria Formosa besichtigen (er wurde von Carlo Scarpa um 1962 restauriert). s.S. 107

Wie nannte man die berühmten venezianischen Kriegsschiffe?

Sie hießen *Triremi*, da die Ruderer in Dreierreihen zu jeder Seite des Schiffs saßen. Sie ruderten zum Rhythmus der Trommeln, die im Heck geschlagen wurden. Diese Schiffe waren wendig und schnell und versenkten die feindlichen Schiffe mit Rammen und den Kanonen am Bug.

Was sind die drei "Pili"?

Das sind die drei Schiffsmaste gegenüber dem Eingangsportal der Markusbasilika. An Festtagen wehen dort die italienische Fahne, die Fahne von San Marco und die der Europäischen Union.

Welche Künstler waren so von Venedig fasziniert, dass sie sich entschlossen, hier zu bleiben oder der Stadt mit ihren Kunstwerken ein Denkmal zu setzen?

Da gab es zu jeder Zeit Unzählige aus allen möglichen Ländern. Unter den vielen finden sich berühmte Maler, wie *Auguste Renoir, Claude Monet* und *William Turner*, Komponisten wie *Richard Wagner* und Schriftsteller wie *Dante, Petrarca, Johann Wolfgang v. Goethe, Stendhal, Lord Byron, John Ruskin, Friedrich Nietzsche, Henry James, Rainer Maria Rilke, Marcel Proust, Thomas Mann* und *Gabriele D'Annunzio.*

Was bedeuten die Namen der Calle del Pistor, del Pestrin und del Fruttariol und warum gibt es mehrere davon?

Das sind Straßennamen, die sich häufig wiederholen, weil sie auf gängige Handwerke verweisen: auf venezianisch ist der *pistor* der Bäcker, der *pestrin* der Milchmann und *fruttariol* bedeutet Obsthändler.

Traditionelles

Die Gondel

Die Gondel ist seit mehr als tausend Jahren das typische Boot Venedigs. Früher wurde sie in erster Linie für den Personentransport verwendet, sie verband die verschiedenen Punkte in der Stadt, die damals noch über viel mehr Kanäle, aber weniger Brücken verfügte. Heute wird die Gondel vor allem von den Touristen, die Venedig besuchen, geschätzt.

Eine Gondel ist 11 m lang; sie wird mit wasserabweisender Lackfarbe (die genaue Zusammensetzung ist geheim) in sieben Schichten schwarz bemalt ⌒ s.S. 79. Der Bootskörper ist lang gestreckt, der Boden flach und sie hat eine leicht asymmetrische Form: dadurch kann der Gondoliere die Richtung korrigieren, obwohl er nur ein Ruder benützt. Jede Gondel besteht aus ungefähr 280 Holzteilen und gehört dem Gondoliere selbst.

Die Palina

Das ist die farbig gestreifte Stange, an der die Gondel festgemacht wird. Sie ist in den Farben der Adelsfamilien bemalt und sieht wie eine Zuckerstange aus.

Der Gondoliere

Das ist der Ruderer, der auf venezianische Art rudert, was bedeutet, dass er aufrecht steht und nur ein Ruder benützt. Er trägt einen Strohhut, schwarze Hosen und einen gestreiften Pulli. Er kennt alle Kanäle Venedigs, auch die verborgensten und die Legende besagt, dass der Gondoliere, wenn er aus dem Boot steigt, Schwimmhäute zwischen den Zehen trägt, damit er auf dem Wasser laufen kann. Ob das wohl stimmt?

Das "Fero" (Eisen)

Das ist ein schmückendes Element aus Eisen, sechsfach gezahnt: Es stellt die sechs Stadtteile dar, in die Venedig unterteilt ist. ⌐ s.S. 31: *Castello, San Marco, Cannaregio, Dorsoduro, San Polo, Santa Croce.* Der siebente Zahn, der in die entgegengesetzte Richtung weist, steht für die *Giudecca-Insel.* ⌐ s.S. 113 Am oberen Ende hat das gebogene Eisen die Form der Kopfbedeckung des Dogen. Ein Symbol für seine Macht und die Schutzfunktion, die er über die Stadt hat.

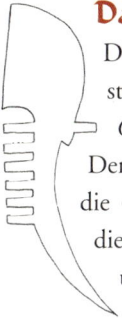

Die Forcola

So nennt sich die *Ruderdolle*, die das Ruder in acht unterschiedlichen Stellungen stützt, damit die Gondel in verschiedene Richtungen fahren kann. Die Forcola ist aus einem einzigen Holzstück geschnitzt, meist aus Nuss-, Birnbaum oder Kirschholz.

Der Squero

Das ist die Schiffswerft, in der die Gondeln gebaut und auch repariert werden.
Dies geschieht in einer sehr alten und
komplizierten Technik, sodass in jedem
Squero nur drei bis vier Gondeln pro Jahr
hergestellt werden. Eine der ältesten Wer-
ten ist San Trovaso zwischen der Accademia-Brücke und dem Zattere-Ufer.

Die besonderen Gondeln

Für Hochzeiten gibt es die Hochzeitsgondel, die mit Blumen geschmückt ist.
Die Gondolieri tragen statt der üblichen Kleidung nur weiß. Bei Begräbnissen
nimmt man die Bestattungsgondel für den Weg zum Friedhof. ⌐ s.S. 66. Sie ist
mit vergoldeten Engeln dekoriert.

Eine Fahrt mit der Gondel

Um eine nette Rundfahrt mit einer Gondel zu machen, braucht
man nur einen Gondoliere zu fragen; die gibt es überall. Eine der
vielen Gondolieri-Kooperativen findet man beim Markusplatz
gegenüber den drei Säulen, eine weitere bei der Rialto-Brücke,
gleich bei der Vaporetto-Einstiegsstelle. Eine Rundfahrt
dauert ungefähr 45 Minuten, es gibt Fixpreise, aber es ist immer
besser, man spricht alles vorher ab. In einer Gondel können
höchstens fünf bis sechs Personen Platz nehmen.

Nähere Infos: Gondel-Service, tel.: 041 5285075

Andere typische Boote

Hier siehst du einige der Boote, die du in Venedig finden kannst.

Das Regatta-Boot

Das typische Boot für sportliche Wettkämpfe oder die "Regata storica". Sie heißen *Gondolino, Caorlina, Mascareta, Puparin* und *Disdotona*.

Die Caorlina: Wie man aus dem Namen erkennen kann, stammt dieses Boot ursprünglich aus dem Adriaort Càorle. Früher wurde sie für den Transport von Obst und Gemüse benützt, die für den Markt in Rialto bestimmt waren; heute kann man das Boot hauptsächlich bei der "Regata storica" sehen.

Der Pupparin: Ein bunt bemaltes, schmales, asymmetrisches Boot, das einer Gondel sehr ähnlich sieht; sein Name kommt daher, dass der Ruderer am Heck (*poppa*) auf einer kleinen Erhöhung steht.

Die Disdotona: Sie hat ihren Namen von der Anzahl der Ruderer (achtzehn), aber es gibt auch die **Dodesona** und die **Quatordesona**. Das sind große Schiffe, die von den verschiedenen Ruderklubs bei der "Regata storica" benützt werden. ↪ s.S. 63

Die Fischer- und Ausflugsboote

Es sind dies der *Topo*, die *Sampierota*, der *Bragozzo*, der *Sandolo* und der *S'ciopon*.

Der Topo (auch: *Topa*): Eine der häufigsten Boote: kann über ein Segel verfügen, wenn es für den Fischfang genutzt wird oder über einen Motor, wenn es für den Warentransport bestimmt ist.

Der Bragozzo:

Das ist ein großes Boot für den Fischfang in der Lagune; früher mit Segel, heute auch mit Motor ausgestattet. Typisch für das Gebiet um Chioggia, du erkennst es vor allem an seinen bunten Dekorationen entlang des Schiffsrumpfs.

Der S'ciopon: Sein flacher Kiel macht ihn besonders geeignet für die Jagd und Ausflüge in die Lagune, wo das Wasser sehr seicht ist.

Die Schiffe der ACTV (Verkehrsbetriebe Venedigs)

Das Motoscafo (Motorboot): Wendig und rasch, für den, der's eilig hat: es fährt seine Route ab und hat nur wenige Haltestellen.

Das Vaporetto: Ist langsamer als das Motoscafo und bleibt an jeder Haltestelle stehen, wenn man sich in Ruhe was ansehen will, ist es sicher die erste Wahl, z.B. entlang des Canal Grande.

Das Motonave (Motorschiff): Das ist ein Art großes Vaporetto, das Venedig mit den wichtigsten Inseln der Lagune verbindet. Im Sommer steigen die Touristen und die Venezianer an der Riva degli Schiavoni ein und fahren zu den Stränden des Lido hinaus.

Die Haltestellen der ACTV

Das sind schwimmende Floße, auf denen man auf ein
Vaporetto oder Motoscafo wartet. Sie haben Schilder mit
dem Namen der Haltestelle und Schutzwände, um
die Reisenden gegen Wind und Regen abzuschirmen.

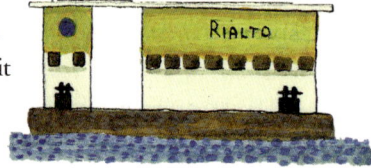

Bricole (Dalben)

sind mehrere rohe Holzpflöcke,
die in den befestigten Lagun-
enuntergrund gerammt werden
und die Fahrrinne für die
Schiffe markieren

Bitte

Das sind an den Landung-
stegen befestigte Poller, um
die die Bootstaue geschlungen
werden, wenn das Vaporetto
Station mach.

Andere Boote

Auf den venezianischen Kanälen kannst du neben den Vaporetti und den
Transportbooten auch *Taxis*, die Boote der *Müllabfuhr* oder die superschnellen
Motorboote der *Feuerwehr*, des *Roten Kreuzes* und der *Polizei* beobachten.

Das Taxi

Das kannst du recht häufig auf den Kanälen der Stadt sehen. Große Strecken können so rasch zurückgelegt werden, das kommt aber auch recht teuer.

Das Boot der Müllabfuhr

Das kannst du täglich früh am Morgen sehen, wenn es den Müll einsammelt, der
am Vorabend am Rande der Kanäle aufgetürmt wurde.

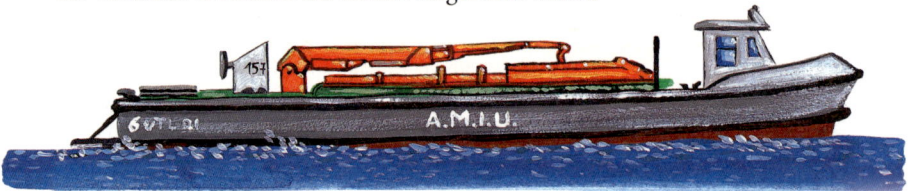

Die Einsatzboote

Sie sind die einzigen, die im Notfall mit großer Geschwindigkeit den Canal Grande und anderswo entlang flitzen dürfen.

Das Schnellboot der Feuerwehr ist natürlich mit einer starken Pumpe ausgestattet. So wird das Wasser direkt aus dem Kanal entnommen und damit Brände zu löschen.

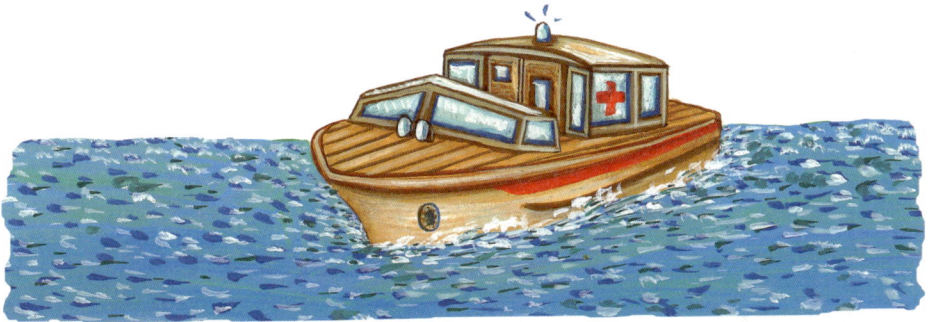

Der Karneval

Zu Zeiten der Repubblica Serenissima dauerten die Feierlichkeiten fast sechs Monate. Da ging es von früh bis spät hoch her. Man begann im Oktober und machte durch bis am *Faschingsdienstag* Schlag Mitternacht. Dann wurde auf dem Markusplatz der Karneval in der Form einer Puppe verbrannt und alle Glocken verkündeten den Beginn der *Fastenzeit*. Während der Karnevalszeit jedoch war die Stadt in Feierstimmung und alle waren kostümiert. Adelige und einfaches Volk, Reiche und Arme versteckten sich hinter ihrer Verkleidung und jeder machte sich einen Spaß daraus, sich unter die jeweils andere Gruppe zu mischen, ohne erkannt zu werden. Der Markusplatz und die anderen *Campi und Campielli* ↶ s.S. 29-30 verwandelten sich in riesige Bühnen, auf denen Belustigungen jeglicher Art stattfanden: Theateraufführungen, Feste, Konzerte, Bälle, Spiele, allerlei Vergnügungen und Feuerwerke.

Die Karnevalsspiele

Während des Karnevals drückte die Regierung der Serenissima beide Augen zu, alles schien erlaubt zu sein. Dem Volk bot man zahlreiche Gelegenheiten zu Spiel und Vergnügungen auf Straßen und Plätzen wie Menschenpyramiden oder Stelzenlaufen, organisiert von geschickten Akrobatentruppen. In der ganzen Stadt, die eine Invasion von Komödianten, Musikern, Mimen, geschickten Jongleuren, Wahrsagern und Gauklern erlebte, herrschte fröhliche Festatmosphäre. Überall boten fahrende Händler Schmalzkringel und andere typische Karnevalsleckereien an. ↶ s.S. 59

Die Strumpfbruderschaften

Das waren lustige Gruppen junger adeliger Männer mit bunten Strümpfen, die mit dem Wappen der Bruderschaft bestickt waren. Während des Karnevals organisierten sie Spiele und Belustigungen, wie zum Beispiel den *Stierwettlauf*. Es gibt sogar heute noch eine Strumpfbruderschaft, genannt "die Alten", die sehr aktiv am Karnevalsgeschehen teilnimmt.

Der Karneval heute

Ende des 18. Jahrhunderts, in seiner glanzvollsten Blütezeit, wurde der Karneval von Napoleon verboten. Das Fest geriet in Vergessenheit, aber seit 1979 werden wieder wie früher Bälle, Feste, Konzerte und Theateraufführungen veranstaltet. Zu den traditionellen Masken ⌒ s.S. 54 und Kostümen aus dem 18. Jahrhundert gesellen sich heute bizarre und fantasievolle Verkleidungen. Kostümierte Menschen aus der ganzen Welt bevölkern die Plätze Venedigs, vor allem natürlich den Markusplatz und seine Cafés.

Die Schminkkünstler vom Markusplatz

Du hast noch keine Maske? Kein Problem: Auf der Piazzetta dei Leoncini (Platz der kleinen Löwen) neben der Markusbasilika (aber auch unter den Arkaden der Pro-kuratien und des Dogenpalastes) gibt es Scharen tüchtiger Schminkkünstler, die dir für wenig Geld eine wunderschöne Karnevalsmaske mit Arabesken, Flitter und *Pail-letten* aufs Gesicht zaubern.

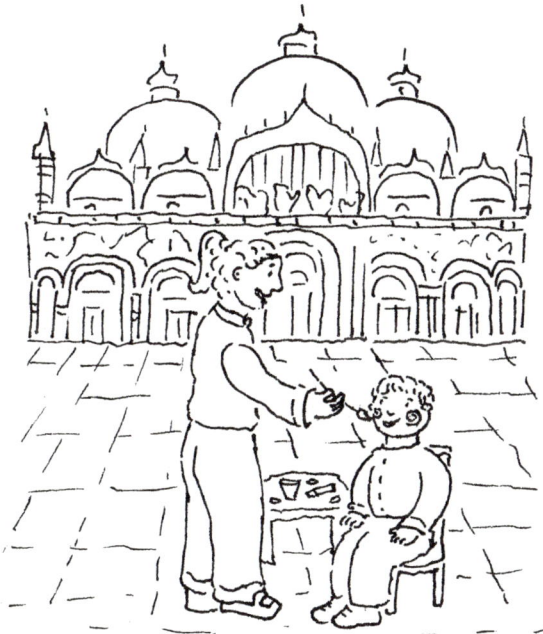

Die Kostüme

Hier seht ihr einige der bekanntesten traditionellen Kostüme, die sich aus den Rollen der **Commedia dell'Arte** entwickelt haben.

Pantalone

ein alter venezianischer Kaufmann, geizig und brummig, Arlecchino und Brighella stehen in seinen Diensten. Er macht es sich zur Aufgabe, den Jungen Hindernisse in den Weg zu legen und die Listen der Dienerschaft zu hintertreiben. Er trägt einen Bart, hat weißes Haar und ist mit einer roten Wollmütze, roten Hosen und Strümpfen, einem schwarzen Mantel und schwarzen Pantoffeln bekleidet.

Arlecchino

sicher die berühmteste Maske von allen. Sein Kostüm besteht aus quietschbunten Stoffflicken, alten Stoffresten, die irgendwo aufgesammelt wurden. Er ist stets hungrig, nimmt das Leben, wie's gerade kommt und will aus Allem das Beste herausholen. Dabei hintergeht er die anderen mit List. Faul und gefräßig, ist er oft Zielscheibe des Spotts von Brighella. Er ist ein sehr geschickter Akrobat und versteht sich auf jede Art von Luftsprüngen und Purzelbäume.

Brighella

der fröhliche Kumpan von Arlecchino und ein aufgeweckter und betrügerischer Diener. Er trägt ein weißes, grün eingefasstes Kostüm und hat einen langen, aufgezwirbelten Schnurrbart. Er ist schlau wie ein Fuchs und hat keine Scheu, seinem Herrn Geld zu klauen. Er kann singen und begleitet sich dabei selbst auf der Gitarre.

Doktor Balanzone

Arzt und Feinschmecker aus Bologna. Er ist von Kopf bis Fuß schwarz gekleidet wie ein Mann der Wissenschaft, ein Professor oder die Rechtsanwälte zu seiner Zeit. Vor sich her trägt er seinen großen Bauch, auf der Nase sitzen runde Augengläser und am Kopf eine Kappe. Um Eindruck zu schinden, lässt er hin und wieder in sein Gerede ein paar lateinische Wörter einfließen.

Pulcinella

ein großer Spaßmacher und Faulpelz, scherzt gern und spielt den Clown. Er ist ganz weiß gekleidet, nur seine Maske ist schwarz und hat eine lange, schnabelähnliche Nase. Auf seinem Kopf sitzt ein hoher, weißer Hut.

Colombina

Das schelmische und eitle Dienstmädchen, bekleidet nach der Mode des 18. Jahrhunderts. Sie nimmt sich kein Blatt vor den Mund, ist kokett und weiß, wie sie Arlecchino um den Verstand bringt.

Der Pestarzt

Er ist keine Charakterrolle vom Theater. Um eine Ansteckung während einer Pestepidemie zu vermeiden, trugen die Ärzte diese seltsame Maske mit einem Krummschnabel wie ihn manche Vögel besitzen; dieser Schnabel wurde mit Kräuterauszügen und Heilkräutern voll gestopft.

Musiker und Dichter

Hier stellen wir euch zwei große Künstler vor, die nicht nur im Venedig ihrer Zeit Spuren hinterließen, sondern auch in der Geschichte des Theaters und der Musik: *Antonio Vivaldi* und *Carlo Goldoni*.

Antonio Vivaldi (1678-1741)

Er war der Sohn eines Geigers von San Marco und trat in einen Orden ein, nachdem er eine hervorragende Musikerziehung genossen hatte. Man nannte ihn den "roten Priester" wegen seiner Haarfarbe, er komponierte zahlreiche Opern aber auch religiöse und weltliche Musikstücke, die vom *Chor der Waisenmädchen* der *Chiesa della Pietà* (*Kirche der Barmherzigkeit*) gesungen wurden. Er schrieb 447 Konzerte für Saiten- und Blasinstrumente; sein berühmtestes Werk, *Die vier Jahreszeiten*, war ein großer Erfolg in ganz Europa.

Die **Chiesa della Pietà**, wo Vivaldi Geigen- und Chormeister war, gelangte durch die Kompositionen des großen Musikers zu Berühmtheit. Noch heute werden dort viele Konzerte dieses venezianischen Komponisten aufgeführt.

.

Chiesa della Pietà
Riva degli Schiavoni
Tel. 0415231096
Tägl. geöffnet
von 9 -14 Uhr

Musik
Venedig bietet für viele musikalischen Geschmäcker etwas: Unter den vielen Musikgruppen ist eine Reggae-Band berühmt geworden, die in venezianischem Dialekt singt: die Pitura Freska.

Carlo Goldoni (1707-1793)

Der große Komödienschreiber Venedigs verfasste mehr als 250 Lustspiele, die vor allem auf den Rollentypen der *Commedia dell'Arte* aufbauen: *Pantalone, Arlecchino, Brighella, Balanzone, Colombina* und viele andere mehr treten auf. ↷ s.S. 54-55
In seinen Werken beschreibt Goldoni detailgetreu das Leben im Venedig des 18. Jahrhunderts. Dabei nimmt er den Müßiggang der Adeligen aufs Korn und macht sich über die Gebräuche der Zeit lustig. Im Gegensatz zum Steggreifspiel der Personen in der Commedia dell'Arte, die ohne Textbuch spielten, führte er den geschriebenen Text wieder ein. Dabei räumte er den Rollentypen aus dem Volk und der Alltagssprache breiten Raum ein.

Seine erfolgreichsten Werke sind *Arlecchino – Der Diener zweier Herren* (1745), *La locandiera/Mirandolina* (1753), *die Rusteghi* (1760), *die Baruffe Chiozzotte/Krach in Chiozza* (1762) und *una delle ultime sere di Carnovale* (1762), das letzte Werk, das er in Italien schrieb, bevor er an den Hof des Königs von Frankreich ging. Dort wirkte er bis zu seinem Tod. Das Haus, in dem der Schriftsteller Goldoni geboren wurde, kann besichtigt werden. Es ist heute ein Museum und Zentrum für Theaterwissenschaftliche Studien mit einer umfassenden Bibliothek.

Museum Casa Goldoni
San Polo 2794
Tel. 041 2440317
Sonntags geschlossen,
im Sommer: 10 - 17 Uhr,
im Winter: 10 - 16 Uhr

Comics
Viele Zeichner aus der Disney-Truppe stammen ursprünglich aus Venedig, so zum Beispiel Romano Scarpa. Regelmäßig findet man sie in den italienischen Ausgaben der Micky Maus.
Einen Ehrenplatz hat sich zweifelsohne Corto Maltese verdient, jener venezianische Seemann, der ständig gefährliche Abenteuer und Reisen in ferne Länder bestehen muss. Er stammt aus der Feder von Hugo Pratt.

Venezianische Leckereien

Die venezianische Küche ist reich an ausgesucht köstlichen Gerichten, wie **Risotto**, zubereitet auf vielerlei Art (aber immer "all'onda" / wellig, weil es so cremig ist), **Carpaccio** (hauchdünne Scheiben rohen Fleisches, angemacht mit Öl, Zitrone und darüber geriebenen Parmesanscheibchen), **Fegato alla Veneziana** (Leber auf venezianische Art mit sehr viel Zwiebel), **Polenta** oder die zahlreichen **Fischgerichte**. Auch die Süßspeisen sind Köstlichkeiten im wahrsten Sinne des Wortes, von den Venezianern "golosessi" (goloso = lecker) genannt: neben dem **Tiramisù**, das es schon zu weltweiter Bekanntheit gebracht hat, werden noch sehr viele andere Leckereien fabriziert. In den Konditoreien kannst du auch noch kleine **Kuchen**, **Plätzchen** und allerlei **Backwerk**, zubereitet nach alten, traditionellen Rezepten, finden. Hier ein kleiner Vorgeschmack:

Bussolai

Sie sind ringförmig und es gibt sowohl eine salzige als auch eine süße Variante. In diesem Fall können sie sich auch S-förmig präsentieren und werden **Buranei** genannt, weil sie von der *Insel Burano* s.S. 120 stammen. Weitere typische Plätzchenarten sind die hauchdünnen **Baicoli** aus Venedig, **Basi di dama** (Damenküsschen) aus Mandelteig mit Kakaofüllung, und **Lingue di suocera** (Schwiegermutterzungen), die mit Schokolade überzogen sind.

Spumiglie

Diese Leckerei besteht aus Zucker und zu Schnee geschlagenem Eiklar. Sie erinnern farblich und in der Form an die Schaumkronen des Meeres. Die venezianische Tradition kennt auch **Sbreghette**, ein knuspriger Keks aus Mandeln und Fenchelsamen, und **Pignoletti** (oder *pignoccae*), weiche Küchlein aus Mandeln und Pinienkernen.

Fritole

Das sind süße Kuchen, die im Karneval gegessen werden; im Teig verstecken sich Pinienkerne und Rosinen; sie werden herausgebacken. *Fritole* gibt es in drei verschiedenen Varianten: gefüllt mit *Vanillecreme*, mit *Zabaione* (Eischaumcreme) oder ohne Fülle, also "alla veneziana".

Crostoli

Auch *Galani* genannt. Eine weitere traditionelle Karnevals-Nascherei, bestehend aus dünnem Teig bestreut mit Puderzucker. In anderen Teilen Italiens heißen sie *Nastri* oder *Chiacchere*.

Zaleti (giallo=gelb)

Der Name dieser typisch venezianischen Plätzchen ist auf ihre gelbliche Farbe zurückzuführen, da sie aus Maismehl hergestellt werden. Möchtest du sie selber machen und deine Freunde damit überraschen? Das geht ganz einfach: auf der nächsten Seite findest du eine einfache Anleitung, die dir zeigt, wie's geht.

Rezept: So backe ich Zaleti

Zutaten: 300g Maismehl, 300g weißes Mehl,
3 Eier, 150g Zucker, 2 Liter Milch, 100g Bierhefe,
100g Rosinen, 60g Pinienkerne, die geriebene
Schale einer Zitrone, 150g Butter, eine Prise Salz,
Vanillezucker, Puderzucker.

1. Ich schlage die Eier mit dem Zucker schaumig, dann
gebe ich das weiße Mehl und das Maismehl dazu.

2. Ich löse die Hefe in der Milch auf und füge sie zur
Masse hinzu, ebenso die Rosinen (die habe ich zuvor in
Wasser eingeweicht, damit sie weich werden und dann
leicht ausgedrückt). Danach folgen die Pinienkerne, die
Zitronenschale, die im Wasserbad zerlassene Butter,
eine Prise Salz und der Vanillezucker.

3. Ich vermenge alles gut und rühre, bis ich einen
weichen Teig habe. Dann schneide ich davon ganz
kleine Brötchen ab und forme sie oval.

4. Ich verteile sie auf einem gefetteten Backblech
und backe sie bei 160° ungefähr 25-30 Min. Wenn
sie fertig sind, bestäube ich sie mit Puderzucker.

Auf ein Spielchen

Tartaglia und Arlecchina

Male sie bunt an und schon können sie mit ihren wunderbaren Kostümen zum Karneval!

Feste und wichtige Feiertage

Der Karneval

Er wird in den zwei Wochen vor Beginn der Fastenzeit gefeiert.
Die Venezianer und vor allem die Touristen verkleiden sich mit Masken und Kostümen.
Jedes Jahr gibt es zahlreiche Aktivitäten und Veranstaltungen. s.S. 53

Das Fest des Heiligen Markus

Am 25. April, dem Tag des heiligen Markus, schenkt jeder Venezianer seiner Angebeteten ein *bocolo*, die Knospe einer roten Rose; das traditionelle Gericht an diesem Festtag ist *Risi e bisi*, ein köstliches Risotto mit Erbsen.

Das Fest des Erlösers

Am dritten Wochenende im Juli wird eine **Brücke aus Booten** gebaut, die das Zattere-Ufer mit der **Erlöserkirche** auf der Giudecca-Insel verbindet s.S. 114. Die Venezianer essen auf einem Boot im *Giudecca-Kanal* zu Abend und prosten einander zu. Das Fest endet mit einem spektakulären **Feuerwerk**.

Die Vogalonga

Diese Ruderregatta findet am ersten Sonntag nach Christi Himmelfahrt statt. Vor allem die Ruder-Clubs Venedigs nehmen daran teil, aber eigentlich kann jeder mitmachen, der sich anmeldet. Es wird über eine Strecke von 32 km gerudert, von San Marco nach Burano und zurück. Start ist um 9 Uhr, das Ende um ca. 15 Uhr.

Die Regata storica

Jedes Jahr am ersten Sonntag im September findet am Canal Grande ein Umzug historischer Boote mit Ruderern in alten Kostümen statt. ⌒ s.S. 47

Der Tag des heiligen Martin

Am 11. November wird der Namenstag des heiligen Martin gefeiert, der seinen Umhang in zwei Teile schnitt und eine Hälfte einem armen Bettler schenkte. Die Kinder Venedigs ziehen durch die Stadt und singen das Lied vom heiligen Martin, und machen dazu "Musik" auf Töpfen und Deckeln ⌒ s.S. 137. Zu verkosten gibt es eine Leckerei in Form des heiligen Martin mit Pferd und Speer, die mit Zuckerkügelchen und Schokostückchen verziert ist.

Die Festa della "Salute"

Um das Ende der Pest im Jahre 1630 würdig zu feiern ⌒ s.S. 79, beauftragten die Venezianer, die die Epidemie überlebt hatten, den Architekten *Baldassare Longhena* damit, die große Kirche *Santa Maria della Salute* zu bauen. Das kirchliche Fest wurde Ende des siebzehnten Jahrhunderts eingeführt, zum Zeichen der Verehrung für die Jungfrau Maria, die Venedig von der Pest befreit hatte; es wird am 21. November gefeiert und ist heute noch sehr wichtig für die Venezianer. An diesem Tag wird eine **Brücke aus Booten** über den Canal Grande gebaut und so die Kirche Santa Maria del Giglio mit der Kirche "la Salute" verbunden.

Su e zu per i ponti (die Brücken rauf und runter)

Das ist ein Marathonlauf, der am zweiten Sonntag im März stattfindet, über die Brücken rauf und runter, durch die ganze Stadt. Ein Anziehungspunkt für die TeilnehmerInnen jeden Alters aus vielen verschiedenen Ländern.

63

Traditionelle Produkte

Masken

In vielen Kunsthandwerkläden und Geschäften, die sich darauf spezialisiert haben, kannst du alle bekannten Masken der Commedia dell'Arte finden, von Pantalone bis Arlecchino ⌢ s.S. 54, 57, und noch viele andere Masken in allen Formen und Farben, aus Leder oder Pappe, erzeugt von besonders kunstfertigen Händen.

Karnevals-Hüte

Mit oder ohne Glöckchen, in den seltsamsten und fantasievollsten Formen, findet man seit ein paar Jahren praktisch überall diese farbigen Samthüte. Wirklich bizarr!

Mini-Gondeln

Aus Plastik, Holz oder Glas sind sie eins der begehrtesten Souvenirs von Venedig.

Marmorpapier

Immer noch von Hand gemalt von vielen KunstgewerblerInnen, zeichnet sich das Marmorpapier durch Schattierungen und Maserungen in verschiedenen Farben aus. ⌢ s.S. 155

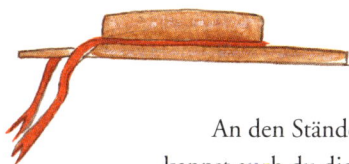

Gondoliere-Hut und T-Shirt

An den Ständen in der Nähe von Rialto oder auf dem Markusplatz kannst auch du die klassische Gondoliere-Uniform erwerben: gestreiftes T-Shirt und Strohhut mit rotem oder blauem Band.

Gondoliere-Schuhe

Die klassischen Slipper, "friulane" genannt, sind aus Samt und, damit man mit ihnen nicht rutscht, haben sie eine Gummisohle aus dem Material von Fahrradschläuchen. Man kann sie nicht nur zu Hause, sondern auch draußen tragen, es gibt sie in unzähligen Farben: du findest sie auch in den Geschäften auf der Rialto-Brücke.

Glasgegenstände aus Murano-Glas

Du findest ganze Tierfamilien und beachtlich viele Gegenstände im Miniaturformat, die nach der traditionellen Machart hergestellt sind: mit der "Lampentechnik" von Murano. s.S. 117

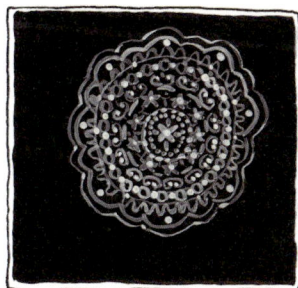

Spitzen

Sie sind vor allem für die Insel Burano charakteristisch, wo die Frauen auch heute noch in der typischen Sticktechnik, dem "*punto Venezia*", arbeiten. s.S. 120

Spannendes und Wissenswertes

Was sind "Murazzi"?

So heißen die künstlichen Schutzdämme, die die Strände des *Lido* ⌒ s.S. 115 und der Insel *Pellestrina* vor der Erdabtragung durch das Meer schützen.

Wo befanden sich die ersten "Kaffee-Läden" Europas?

In Venedig, am Markusplatz; von den Dutzenden Kaffee-Läden, die Ende des 17., Beginn des 18. Jahrhunderts dort entstanden, ist nur das **Café Florian** übrig geblieben. Es wurde im Jahr 1720 eröffnet und hieß früher *Alla Venezia trionfante* (zum triumphierenden Venedig). Erst danach bekam es den Namen seines Besitzers, *Floriano Francesconi*.

Welches ist die einzige Piazza Venedigs?

Die *Piazza San Marco* (der Markusplatz) ⌒ s.S. 81. Die anderen Plätze, kleinere und größere, werden in Venedig *campi oder campielli*. ⌒ s.S. 29-31 genannt.

Was bedeutet das venezianische Wort "caigo"?

Das sind die dichten Nebelschwaden, die vor allem im Herbst und Winter oft die Stadt einhüllen. Dadurch bekommt sie einen ganz eigenen Zauber.

Welcher berühmte englische Dichter schwamm den Canal Grande hinauf?

Das war *Lord Byron* während seines Venedigaufenthalts im Jahr 1818.

Wo ist der Friedhof von Venedig?

Auf der *Insel San Michele* bei Murano: dort wurden viele bedeutende Künstler wie der Komponist *Igor Strawinsky* und der Dichter *Ezra Pound* beigesetzt.

Wer war der "Spezier"?

Das war der Apotheker, der auch Gewürze (spezie) und Eingemachtes verkaufte, wozu auch Kaffee und "indisches Salz" (das wir heute Zucker nennen) gehörten.

Wer waren die "Acquaroli"?

Das war ein Verein von Bootsleuten. Sie ruderten von der Lagune bis zum Fluss Brenta und kehrten mit Wasservorräten nach Venedig zurück. Trotz der Zisternen reichte hier das Trinkwasser selten.

Mit welchen öffentlichen Gondelfähren kann ich den Canal Grande überqueren?

Es gibt sieben Fähren, an den Haltestellen *San Marcuola, Santa Sofia, San Silvestro, San Tomà, San Samuele, S.M. del Giglio* und *Punta della Dogana*. Die Überfahrt kostet ungefähr Euro 0,50. s.S. 154

Was sind die "Pàtere"?

Das sind kleine Schmuckelemente aus behauenem Stein, die die Fassaden der alten venezianischen Häuser schmücken; sie sind meistens kreisförmig und stellen wirkliche Tiere oder Fabelwesen dar.

Wo ist die letzte Brücke Venedigs, die noch kein Geländer besitzt?

Das ist die Brücke über den *Rio San Felice* in Cannaregio, hinter *Strada Nuova*. Früher sahen alle Brücken in Venedig so aus, man konnte also ganz leicht ins Wasser fallen!

Wozu dienten die "Fondaci"?

Das waren Wohn- und Lagerhäuser gleichzeitig, die reichen Kaufleuten gehörten. Kennzeichnend für diese Häuser war ein weitläufiger Bogengang im Erdgeschoß (wie beim Fondaco dei Turchi oder dem Fondaco dei Tedeschi, die beide am Canal Grande liegen). Ihre Funktion war zweifach: Sie dienten Wohnzwecken, aber auch als Aufbewahrungsort für die Waren und waren ein Platz, an dem über Geschäfte gesprochen wurde.

Natur

Die Fische der Lagune
Kleine Tiere
Die Katzen von Venedig
Das Hochwasser, "Acqua alta"
Meine Ausrüstung für Venedig

Die Fische der Lagune

Wie viele verschiedene Fischarten gibt es in der Lagune? Wenn du zum Fischmarkt am Rialto gehst, findest du alle möglichen Arten von Fischen und Meerestieren. Welche davon kennst du? Schauen wir sie uns gemeinsam an.

Der Tintenfisch

Er wird hier nach einem berühmten alten Rezept zubereitet: Es sind die *Spaghetti oder das Risotto al nero di seppia* (Spaghetti oder Reis mit Tintentfischtinte gefärbt)

Der Heuschreckenkrebs

Er ist ein vorzügliches Krustentier, das die Venezianer auch "*Canocia*" nennen.

Der Seebarsch

Dieser große und gefräßige Raubfisch, der sehr schmackhaft ist, gehört zu den beliebtesten Fischen der venezianischen Küche.

Schia

Das ist eine kleine
Lagunengarnele, die frittiert
und mit Polenta serviert wird.

Die Seezunge

Das ist ein ganz flacher Fisch,
der sich dem sandigen
Meeresuntergrund anpasst.

Der Krebs

Während er seine Schale
wechselt, ist er außen
weich und wird "*Moeca*"
genannt. Er ist frittiert
eine wahre Delikatesse!

Vieri

Das sind Weidenkörbe, die an
bestimmten Stellen in der Lagune verteilt oder an der Seite von Booten befestigt sind. Garnelen, Krebse, Aale und
andere Meerestiere werden darin verstaut,
um sie nach dem Fangfrisch zu halten.

Der Aal

Auf venezianisch heißt er *bisato* und
ist ein lang gestreckter Fisch, der ein
bisschen wie eine Schlange aussieht.

Schnüre für Muscheln

In der Lagune gibt es
viele Zuchtstationen
für Miesmuscheln.
Die Muscheln wach-
sen an den Schnüren,
die an speziellen
Gerüsten hängen.

Pfahl- oder Miesmuscheln

Die Venezianer nennen sie *peoci* und sie
schmecken ausgezeichnet mit Spaghetti oder
auf "*scottadeo*"- Art, wobei die Muscheln
in der Pfanne gebraten werden.

Die Meerbarbe

Man kann sie an ihrer charakteri-
schen Rotfärbung erkennen. Sie eig-
net sich hervorragend zum Frittieren.

Auf ein Spielchen
Ein gelungener Fang

Finde heraus, an welcher der vier
Angeln von Bepi, dem Fischer, gerade
das kleine Fischlein angebissen hat.

Kleine Tiere

Die Tiere, die du hier siehst, sind sehr verbreitet; ihnen wirst du ganz sicher begegnen, wenn du durch Venedig spazierst.

Der Spatz

Immer auf der Suche nach Futter ist er so wie die Taube der am häufigsten anzutreffende Vogel.

Die Taube

Die Venezianer nennen sie *colombo* und sie ist die unbestreitbare Königin des Markusplatzes.

Die Seemöwe

Hier *Cocàl* genannt; du kannst sie sehen, wie sie auf der Suche nach einem fetten Fischhappen über die Gewässer der Lagune schwebt.

Die Schwalbe

In der warmen Jahreszeit kannst du sie hoch über den Dächern zwitschern und pfeifen hören.

Nagetiere

Neben der gemeinen Kanalratte, genannt *pantegana* (Wasserratte) gibt es auch noch die *Biberratte* (Nutria), die mit dem Biber verwandt ist.

Die Katze

Davon gibt es überall eine ganze Menge: auf den Stufen vor Hauseingängen, in den Körben auf den Fensterbrettern, in den Auslagen der Geschäfte, auf den Brunnenabdeckungen, sogar in den Booten liegen sie! Wenn du an Katzen interessiert bist, schau auf der nächsten Seite nach, dort findest du noch ganz viele Infos!

Venedigs Katzen

Das Wahrzeichen Venedigs ist der Löwe, aber
in Wirklichkeit sind es andere Verwandte aus der
Familie der Katzentiere, die die Venezianer überaus lieben und die über Campi und Campielli herrschen: Die Cousins
und Cousinen der Löwen sozusagen, die ganz gewöhnlichen *Hauskatzen*.

Wenn du durch die Stadt streifst, wirst du vielen begegnen, faul zusammengeringelt in
der Sonne liegend oder wild hinter einer Taube herjagend. Manchmal kann es auch vor-
kommen, dass sich eine Katze auch seelenruhig in einem Schaufenster zwischen den
dargebotenen Waren ausstreckt. In jedem Sestiere gibt es ältere Damen, die die Katzen
mit Essensresten versorgen. Oft lassen auch die Händler des Marktes am Rialto etwas
für sie übrig und die Kinder, die auf den Campi spielen, leisten ihnen Gesellschaft.

Die Katzeninsel

Die Insel San Clemente, wo
sich früher einmal das
psychiatrische Krankenhaus
befand, ist nun zur Katzeninsel
geworden: seit 1990 wird sie von
Miezen bewohnt, die von der
Dingo betreut werden.

Es gibt ganze Katzenkolonien, die von der *Dingo* durchgefüttert und versorgt werden.
Das ist ein Verein, der die Katzen füttert, sie medizinisch versorgt und ihnen kleine
Häuschen als Rückzugsmöglichkeit in kalten Winternächten zur
Verfügung stellt. Wenn du in Venedig unterwegs bist,
kannst du die Häuschen vielleicht entdecken, ausgestattet mit alten Decken, in die sich die Katzen
gerne verkriechen, um es warm zu haben.

Die Katzenbuchhandlung
Libreria San Pantalon
Dorsoduro 3950
10 – 19.30 Uhr
Sonntag geschlossen

Die Buchhandlung San Pantalon ist in der Nähe von
Ca' Foscari und führt nicht nur viele Kinderbücher, sondern ist auch auf Katzen spezialisiert. Du findest dort
alles rund um die Katze, angefangen vom Spielzeug bis zu
allen möglichen Katzenbüchern. In der Auslage siehst du
vielleicht Rosa, die rothaarige Katze der zwei Geschäftsin-
haberinnen, die zwischen den Büchern ein Schläfchen einlegt.

Auf ein Spielchen
Das verlaufene Kätzchen

Bice die Mieze hat sich im Labyrinth der venezianischen Gassen verlaufen.
Kannst du ihr helfen, den richtigen Weg nach Hause zu finden?

Acqua alta - Hochwasser

Jedes Jahr gibt es in Venedig Hochwasser, vor allem in der Zeit von Oktober bis April. Wenn durch die Gezeiten das Wasser auch nur knapp überdurchschnittlich ansteigt, bedeutet das aufgrund des Prinzips der kommunizierenden Gefäße, dass sich die Regenwasser abführenden Kanäle füllen und das Wasser schließlich an die Oberfläche tritt, und zwar an den Ablaufstellen. Bei heftigerem Hochwasser schwappt das Wasser der Kanäle direkt über die Kais, überschwemmt Straßen und Plätze und beschädigt die Gebäude.

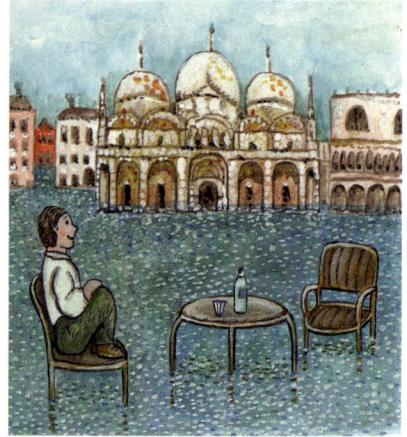

Der Bereich des Markusplatzes ist der erste, der unter Wasser steht, weil die Stadt an dieser Stelle am tiefsten liegt. Dort zeigt sich das Phänomen des Hochwassers auch am deutlichsten und spektakulärsten. 1996, als Überschwemmungen in ganz Italien große Schäden anrichteten, gab es in auch in Venedig ein außergewöhnlich starkes Hochwasser; fast 2 Meter über das durchschnittliche Niveau des Meeres stieg da das Wasser und verursachte schwere Sachschäden.

Wodurch wird das Hochwasser verursacht?

Die Hauptursachen für dieses Phänomen sind:
- die Mondanziehung, die das Phänomen der so genannten *astronomischen Flut* verursacht;
- der unterschiedliche atmosphärische Druck, der starke Winde wie den *Scirocco* und die *Bora* hervorruft, die das Wasser des Meeres in die Lagune drücken;
- das langsame und fortschreitende Absinken der Stadt (30 cm im letzten Jahrhundert).

Die Laufstege

Wenn es Acqua alta gibt, legen die Venezianer hölzerne Laufstege aus, damit die FußgängerInnen entlang der wichtigsten Wege rund um Rialto und über den Markusplatz laufen können.

Was hat man früher gemacht?

Zu Zeiten der Serenissima ↷ s.S. 20 wurde der Dreck, der sich in den Kanälen sammelte, regelmäßig abgetragen, um zu verhindern, dass der Schlamm zu hoch stieg. Die gute Befahrbarkeit der Kanäle mit Schiffen war wesentlich in einer Stadt, die ihre Stärke und ihren Reichtum dem Warenverkehr auf dem Wasser verdankte.

Wie kann Venedig vor dem Hochwasser geschützt werden?

1) regelmäßige Säuberung und Wartung der Kanäle, um sie vom Schlamm zu befreien, der sich am Grund ansammelt; 2) Verbreiterung der Strände und Verstärkung der Riffbarrieren auf den Inseln Lido und Pellestrina; 3) Wiedererrichtung der Molen (Hafenmündungen) und Untiefen, also der Sandbänke, die sich aufgetürmt haben; damit kann die Wasserbewegung (Wellen) verringert werden; 4) Das Projekt Mose: Wird derzeit diskutiert und sieht vor, ein elektromechanisches System von Schutzbarrieren zu errichten, die den Zu- und Abfluss des Wassers durch die Gezeiten an den Hafenmündungen des Lido, Malamocco und Chioggia regulieren.

Das Insula-Projekt

Wird von der Gemeinde durchgeführt und sieht eine Reihe von regelmäßig stattfindenden Aktivitäten zur Erhaltung und Restrukturierung vor, die Venedigs bewahren sollen. Das betrifft vor allem die unter Wasser liegenden Teile der Stadt. Insula bemüht sich um die Befestigung des Fundaments von Palästen - sie können durch die Wasserbewegung, die die Motorboote verursachen, beschädigt werden - und um die Neugestaltung der Pflasterung von Straßen und Plätzen. Auch die Kanäle, auf deren Grund sich der Schlamm schichtweise festsetzt, werden ausgebaggert. ↷ s.S. 29

Meine Ausrüstung für Venedig

Wenn die Sonne scheint

Zieh' bequeme Schuhe an, mit denen du gut laufen kannst (denk daran: in Venedig ist man fast immer zu Fuß unterwegs), kurze Socken, T-Shirt mit kurzen Ärmeln oder ärmellos, wenn es sehr heiß ist, oder wenn es kühler ist, Pulli und lange Hosen; bei starker Sonne einen Sonnenhut. Im Rucksack: eine Flasche Wasser, ein Jausenpaket, ein Schüttelpenal mit Schreib- und Buntstiften, Fotoapparat, (so du einen besitzt) und deinen Reiseführer für Venedig.

Wenn es regnet oder bei Hochwasser

Zieh' feste Schuhe oder Gummistiefel an, bei Hochwasser kremple deine Hosen hoch und zieh' einen wärmeren Pullover an, wenn es kalt ist. In den Rucksack stecke zu den anderen Dingen auch einen dünnen Regenschutz.

Spannendes und Wissenswertes

Was ist ein "Felze"?

Eine kleine Kabine, die die Fahrgäste der Gondel
vor Schlechtwetter schützte und dafür sorgte, dass diese ungestört waren. s.S. 43

Waren die Gondeln immer schwarz?

Nein, früher waren sie reich verziert und bunt bemalt, aber ein Erlass der Repubbli-ca Serenissima aus dem Jahre 1633 bestimmte, das alle Gondeln schwarz zu streichen seien. Damit wollte man dem ausufernden Luxus bei der Ausstattung der Gondeln und ihrer eitlen Zurschaustellung durch die Adelsfamilien Einhalt gebieten.

Wie viele Menschen starben in den Jahren 1576 und 1630 an der Pest?

Während des zweimaligen Ausbruchs der Pest nahm die Bevölkerung Venedigs um die Hälfte ab: Mehr als 100 000 Menschen starben, darunter auch Tizian, der große venezianische Maler. Das Ende der verheerenden Seuche, die 1630 weite Teile Europas erfasste, wurde groß gefeiert: mit der Errichtung der Kirche *Santa Maria della Salute* und einer Prozession über eine **Brücke aus Booten**. Sie wird auch noch heute jährlich bei der *Festa della Salute* s.S. 63 wiederholt.

Was sind Bauta, Tricorno und Tabarro?

Um nicht erkannt zu werden, wenn sie durch die venezianischen Gassen streiften, trugen die Adeligen eine *Bauta* (eine weiße Maske, die fast das ganze Gesicht bedeckte), dazu eine Kapuze aus schwarzer Seide und einen kleinen Umhang aus Spitze). Sie waren weiters mit dem *Tricorno* / Dreispitz (einem schwarzen Hut mit drei Spitzen) und dem *Tabarro* (einem weiten schwarzen Umhang) bekleidet.

Warum gibt es eine Brücke mit Namen "Ponte delle Tette" (Busenbrücke)?

Sie befindet sich in der Nähe von Rialto s.S. 92, ein Bereich, der den Kurtisanen und Prostituierten vorbehalten war; es heißt, dass diese, um Kunden anzulocken, mit ihren Reizen an den Fenstern nicht geizten.

Das muss ich sehen!

Markusplatz
Dogenpalast
Rialto-Brücke
Ghetto
Die Kirche Santa Maria Gloriosa dei Frari
Scuola Grande di San Rocco
Campo dei Santi Giovanni e Paolo
Chiesa dei Miracoli
Die Kirche San Pietro di Castello
Das Arsenal

Markusplatz (Piazza San Marco)

Der Platz

Er wird als das schönste Wohnzimmer der Welt bezeichnet und schon immer schlug hier das Herz des venezianischen Lebens. Er ist umgeben von den **Neuen und Alten Prokuratien**, der **Markusbasilika** und dem **Uhrturm**.

Kirche San Geminiano

Weil Napoleon Empfangs- und Ballsäle haben wollte, wurde unter seiner Herrschaft auf dem Platz der **Napoleonische Flügel** (Ala Napoleonica) errichtet. Heute befindet sich dort das **Museo Correr** ⌒ s.S. 106. Das neue Gebäude nahm den Platz der Kirche *San Geminiano* ein, die zuvor genau gegenüber der Markusbasilika gestanden hatte.

Die Basilika

Die Markusbasilika war ursprünglich die Privatkapelle des Dogen und jener Ort, an dem Staatsfeierlichkeiten stattfanden. Zweimal wurde sie zerstört und wieder aufgebaut, bis sie schließlich in der Form erstand, wie wir sie heute kennen: Mit einem *griechischen Kreuz* als Grundriss (das heißt, dass die Seiten- und Längsarme gleich lang sind) und fünf Kuppeln. Im Lauf der Jahrhunderte wurde sie mit Schmuckelementen und Dekors der verschiedensten Stilrichtungen ausgestattet. Trotzdem bleibt sie im Wesentlichen eine Kirche im byzantinischen Stil. Der starke orientalische Einfluss (der Orient pflegte stets regen Handel und Warenverkehr mit der Lagunenstadt) zeigt sich vor allem in der Verwendung von **Dekors auf Goldgrund** sowie in der Technik des Mosaiks, die die Basilika fast wie einen Palast aus "tausendundeiner Nacht" erscheinen lassen.

Basilica di San Marco
Telefon: 041 5225205
Täglich geöffnet von 9.30 - 17 Uhr (im Sommer)
von 9.30 - 16.30 (im Winter) an Samstagen
und Feiertagen von 14 - 17 Uhr

Die Museen der Basilika
9.45 - 16.30 Uhr (im Sommer)
9.45 - 16 Uhr (im Winter)

Detail des Fußbodenmosaiks in der Basilika

Die Basilika und ihre Mosaiken

Die Kirche ist komplett mit wundervollen **Mosaiken** ausgestattet, verteilt auf Wände, Böden und Kuppelgewölbe bedecken sie eine Fläche von mehr als 4000 m2. An der Außenseite kannst du die Fassadenmosaiken bewundern (zum Beispiel die Ansicht von der Entführung der Leiche des heiligen Markus aus Alexandria s.S. 17); im Inneren hast du den Eindruck, auf einem riesigen, prachtvollen Orientteppich zu stehen, der aus winzigen, mit Porphyr und Marmor farbig gestalteten Plättchen besteht. Sie fügen sich zu höchst komplizierten geometrischen Mustern. Weitere funkelnde Mosaiken findest du in der **Cupola della Pentecoste** (Pfingstkuppel), mit dem Motiv: *Der heilige Geist senkt sich auf die Apostel hinab*, im **Baptisterium** (Taufkapelle) mit *Szenen aus dem Leben des heiligen Johannes*, des *Täufers* und in der kleinen **Cupola della Creazione** (Schöpfungskuppel) mit 24 Mosaiken zum Thema der Schöpfungsgeschichte.

In der riesigen **Cupola dell'Ascensione** (Himmelfahrtskuppel) kannst du das schimmernde Bild eines *ruhmreichen Christus mit der Jungfrau Maria, zwei Engeln und den 12 Aposteln* sehen. Schau dir auch die anderen wunderbaren Kostbarkeiten an, die in den Museen der Basilika aufbewahrt werden: den prunkvollen **Schatz von San Marco**, mit großartigen italienischen und byzantinischen Kunstwerken und die Altartafel **Pala d'Oro**, eine glitzernde Ikone aus Email und Edelsteinen, die im 10. Jh. angefertigt wurde.

Der Campanile von San Marco
Telefon: 041 5224064
täglich geöffnet von 9.30 - 16 Uhr (im Winter)
9.30 - 19 Uhr (im Frühling)
9 - 21.30 (im Sommer)

Venedig von oben: Der Campanile (Glockenturm)
Wenn du mit dem Lift auf den Glockenturm hinauffährst, kannst du an schönen Tagen ein wundervolles Panorama genießen: Vor deinen Augen eröffnet sich dir eine spektakuläre Sicht über die Dächer Venedigs!
Die Venezianer nennen den Campanile auch scherzhaft "el paron de casa" (il padrone di casa, den Hausherrn). Er besitzt fünf Glocken, für die die Venezianer alle einen Namen haben: *Marangona, Trottiera, Nona, Pregadi* und *Renghiera*. Zu jeder vollen Stunde kannst du sie läuten hören.

Im Jahr 1902 brach der alte Campanile ganz plötzlich in sich zusammen, zum Glück wurde niemand verletzt; er wurde danach innerhalb von 10 Jahren in genau gleicher Form wiederaufgebaut.

Ganz oben am Campanile demonstrierte Galileo Galilei 1609 vor dem Dogen Leonardo Donà die Funktionsweise des Teleskops.

Die Pferde

Sie sind aus nahezu reiner Bronze gefertigt und danach vergoldet. Die Pferde von San Marco sind das Symbol für die Freiheit Venedigs. Im Jahre 1797, als Venedig von den Franzosen besetzt wurde, ließ *Napoleon* sie als Kriegsbeute nach Paris schaffen. 1815 aber, als die Ära des französischen Kaisers zu Ende ging, kamen sie nach Venedig zurück. Die Originale werden im Inneren der Basilika verwahrt, die im Freien gezeigten Pferde sind nur Kopien.

Die Tetrarchen

Auf der Seite der Basilika, die der Piazzetta mit den zwei Säulen zugewandt ist, findest du die vier Figuren der *Tetrarchen*. Als Kriegstrophäen kamen sie aus dem Orient, so wie der Großteil der Kirchenschmuckstücke. Eine Legende besagt, dass dies vier Fremde sein sollen, die in Statuen verwandelt wurden, als sie versuchten, Kirchenschätze zu stehlen. Tatsächlich ist eher anzunehmen, dass sie den Kaiser *Diokletian* und weitere Mitglieder der Tetrarchie (Viererherrschaft) des Römischen Kaiserreiches darstellen.

Der Uhrturm

Die große blau emaillierte Uhr, die von goldenen Sternen (die Himmelskonstellationen) durchsetzt ist, ist ein richtiger Kalender: Sie zeigt die Stunden, die Monate, die Mondphasen und die Sternzeichen an. In früheren Zeiten lieferte sie also den venezianischen Galeeren sehr wichtige Informationen, wenn sie vom Markusbecken aus Kurs auf den Orient nahmen. Diese im 15. Jahrhundert gebaute Uhr war zur damaligen Zeit ein richtiges Wunderding.

Nach Beendigung ihrer Arbeit sollen die beiden Konstrukteure der Uhr und der Bronze-Mohren angeblich geblendet worden sein, damit sie niemals wieder etwas Ähnliches an einem anderen Ort bauen konnten. Wenn du zufällig während des Himmelfahrtsfestes in Venedig bist (*Festa dell'Ascensione* ↪ s.S. 111) wirst du beim Schlag der vollen Stunde eine Überraschung erleben: Aus den seitlichen Türchen treten die heiligen drei Könige hervor, die der Jungfrau Maria und dem Jesuskind die Ehre erweisen. Sie befinden sich in einer Nische über der Uhr.

Die Mohren

Die zwei Bronzestatuten bewegen sich wie zwei große Roboter. Sie haben eine komplizierte Mechanik und schlagen zu jeder vollen Stunde auf dem *Uhrturm* eine riesige Glocke an.

Auf ein Spielchen

Die Fußböden der Markusbasilika

Male mit deinen Buntstiften diese geometrischen Einlegearbeiten aus der Markuskirche an. Wenn du das Innere der Basilika erkundest, kannst du versuchen, die Originale zu finden - eine richtige Schatzjagd!

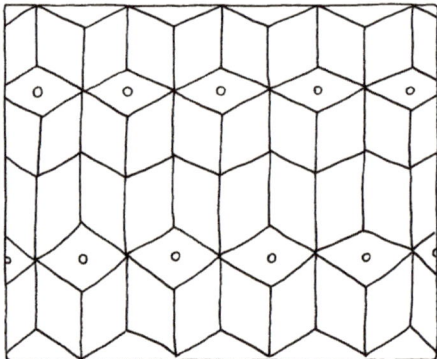

Der Dogenpalast

Der Dogenpalast (Palazzo Ducale) wurde im 9. Jahrhundert erbaut. Einst eine befestigte Burg, wurde er später mehrmals durch Brände zerstört und in der Folge im 14. und 15. Jahrhundert wieder aufgebaut, als Paradebeispiel für die venezianische Gotik. ⌐ s.S. 36. Wenn du die Arkaden der Laubengänge näher betrachtest, erkennst du den raffinierten Zinnenkranz aus Istria-Stein, der so behauen wurde, dass dieser wie Spitze aussieht. Außen ist der Palast an den Ecken mit drei interessanten **Skulpturen** geschmückt: das *Urteil des Salomon, Adam und Eva mit der Schlange*, und, gleich bei der **Paglia-Brücke**, *der betrunkene Noah*. Bist du erst einmal durch den Haupteingang, die so genannte **Porta della Carta**, durchspaziert, befindest du dich im Innenhof. Hier wurde oben an der **Scala dei Giganti** (Treppe der Giganten; sie stellen *Mars und Neptun* dar und sind Symbole für die Herrschaft Venedigs über Erde und Wasser) der Doge gekrönt.

Der Dogenpalast war die Residenz des Dogen, aber auch der Sitz der Regierung und der Justizbehörde. Er beherbergte das Militärkommando, die Gerichte, die Gefängnisse und den **Saal des Großen Rates**, einen riesengroßen Saal, in dem die **Portraits der ersten 76 Dogen** sowie das kolossale Werk des Malers *Tintoretto, Das Paradies*, (24,65 x 7,45 m) hängen. Es ist eines der größten Gemälde der Welt. Neben diesem *Tintoretto* kannst du im Palast auch wunderbare Gemälde berühmter Maler der venezianischen Renaissance ⌐ s.S. 103 so z.B. von *Tizian, Veronese, Palma dem Jüngeren* finden. Und sieh dir unbedingt die beeindruckende Waffenkammer an!

Dogenpalast

Telefon: 0412715911
Täglich geöffnet von 9 - 19 Uhr (im Sommer - letzter Einlass 17.30)
9 - 17 Uhr (im Winter - letzter Einlass 15.30)

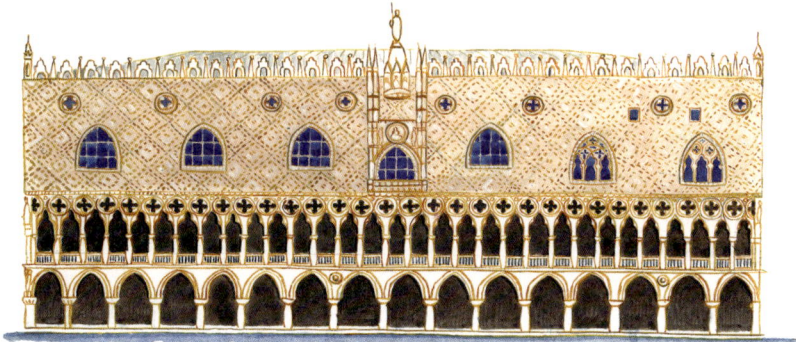

Während deines Rundgangs kannst du einen guten Eindruck davon gewinnen, wie es zu seiner Glanzzeit in Venedig zuging; als die Stadt mit dem Orient Handel trieb und sich Repubblica Serenissima nannte. 🡒 s.S. 20 In jenen Jahren wurden unter dem Säulengang außen entlang des Palastes oft die Leichen der zum Tode Verurteilten ausgestellt. Das Volk sollte sehen, was mit dem geschah, der sich über die Gesetze des Staates hinwegsetzte! Die gewöhnlichen **Gefangenen** wurden in den Gefängnissen des Palastes eingesperrt, wenn sie jedoch als gefährlich galten, wurden sie in die so genannten *pozzi* geworfen, nasse und dunkle Zellen im Erdgeschoß, die bei Hochwasser oft unter Wasser standen 🡒 s.S. 76 (so löste sich auch das Problem der Überbelegung in den Zellen von selber!). Wer nicht spurte, hatte zu Zeiten der Serenissima nichts zu lachen!

Die Löwenmäuler

Sie dienten dazu, anonyme Anzeigen entgegenzunehmen. Man warf sie einfach in das "Maul" des Löwen. Eines hängt in den Arkaden des Dogenpalastes, das andere im Kompasssaal.

Auf geheimen Wegen

Es lohnt sich auf jeden Fall, diese geheimen Wege zu erforschen auf einen faszinierenden Rundgang im Inneren des Dogenpalastes, der ca. 90 min. in Anspruch nimmt und in kleinen Gruppen von ungefähr 20 Personen durchgeführt wird. So kannst du die **Bleikammern / Piombi** besichtigen, das schreckliche Gefängnis, aus dem *Giacomo Casanova* die Flucht gelang; die **Folterkammer**, wo die Gefangenen, an den Handgelenken aufgehängt unter Folter befragt wurden; den Saal der **drei Köpfe des Rats der Zehn** und jener der **Staatsinquisitoren**, und schlüpfst durch viele heimliche Durchgänge des Palastlabyrinths.

Auf geheimen Wegen

Telefon: 0039041 5209070
Täglich geöffnet
Besichtigung nach Voranmeldung
Beginn: 9.30 und 11.30

Giacomo Casanova

Im Jahre 1755 wurde der große venezianische Abenteurer und Verführer in die Bleikammern geworfen, Holzzellen direkt unter dem mit Blei gedeckten Dach des Dogenpalastes. Er schaffte es jedoch, zu flüchten, als es ihm gelang, gemeinsam mit einem Mitgefangenen, *Padre Balbi*, durch ein selbstgefertigtes Loch im Dach zu entkommen. In seinem Buch "Meine Flucht aus den Bleikammern" hat er selbst seine spektakuläre Flucht beschrieben. Sein Gefängniswärter, der seine Aufsichtspflicht verletzt hatte, wurde an seiner Stelle von der Regierung der Serenissima ins Gefängnis geworfen.

Die Seufzerbrücke

Ihren Namen trägt sie, weil die Gefangenen sie auf ihrem Weg vom Gericht zu den Gefängnissen oder zur Urteilsvollstreckung überqueren mussten und von dort einen letzten Blick auf die Lagune von Venedig warfen. Sie seufzten, weil sie sich nach der verlorenen Freiheit zurücksehnten.

Der Doge

Der Doge (aus dem Lateinischen *dux*, Anführer) war der Gouverneur von Venedig und das Staatsoberhaupt der Stadtrepublik. Er wurde auf Lebenszeit durch den *Großen Rat* gewählt (eine Staatsinstitution, die die Mitglieder der adeligen venezianischen Familien umfasste. Diese mussten im *Goldenen Buch* ↷ s.S. 21 eingetragen sein).

Der Doge war das Symbol Venedigs. Er verfügte auch mehr über eine symbolische denn reelle Macht, denn er konnte keine Entscheidung ohne die Absegnung durch seine sechs *Räte* (die die sechs Stadtbezirke Venedigs vertraten, ↷ s.S. 31) treffen und unterlag der Kontrolle durch den *Rat der Zehn*. Er trug das *Corno*, die Dogen-Kappe mit abgerundeter Spitze, verziert mit Edelsteinen und aus wertvollem Stoff, z.B. Samt oder Damast, gefertigt. Die Ehefrau des Dogen wurde *Dogaressa* genannt.

Venedigs berühmteste Dogen

Der erste der 120 Dogen, die die Stadtrepublik über 1100 Jahre regierten (von 697 bis 1797), war *Paoluccio Anafesto*. Der letzte war *Ludovico Manin*. Er dankte ab, als Napoleon Venedig einnahm. Damit war das Ende der Republik gekommen. Ein wichtiger Doge in der Geschichte der Stadtrepublik war *Enrico Dandolo*. Er war blind und über 90 Jahre alt, als er die Kreuzritter beim Angriff auf Konstantinopel anführte; dieser Sieg brachte Venedig zahlreiche Vorteile, vor allem wirtschaftlicher Natur. Es wird erzählt, dass *Andrea Gritti*, ein weiterer berühmter Doge der Stadt, der seine ruhmreiche Karriere als General begann, seine unmäßige Völlerei das Leben kostete: Er konnte die von ihm verschlungenen Aale nicht verdauen! Ein anderes Schicksal ereilte den Dogen *Giovanni Mocenigo*. Er denunzierte *Giordano Bruno* bei den heiligen Uffizien, was dessen Todesurteil zur Folge hatte. Die Legende will es, dass er danach noch jahrelang vom Geist des Philosophen verfolgt wurde, auch heute noch soll dieser durch den Palast *Ca' Mocenigo Vecchia* spuken! Ein einziger Doge wurde zum Verräter an der Stadtrepublik: er hieß *Marin Falier* und 1355 wurde er als Anstifter eines Komplotts enttarnt. Sein Machthunger kam ihn teuer zu stehen, er wurde sofort enthauptet.

Im *Saal des Großen Rates* wurde sein Portrait als einziges durch einen schwarzen Schleier mit lateinischer Beschriftung ersetzt.

Die zwei Säulen

Sie stehen auf der *Piazzetta* beim *Markusbecken* und wurden aus dem Orient hier her transportiert; sie bilden das offizielle "Eingangstor" nach Venedig, das ja früher nur auf dem Wasserweg erreichbar war. Auf der einen Säule ist der erste Beschützer Venedigs dargestellt, der griechische Krieger *San Teodoro* (auf venezianisch: *Todaro*), der seinen Fuß auf einen besiegten Drachen setzt. Auf der anderen aber steht der *geflügelte Löwe*, das Symbol des heiligen Marcus. Er wurde zum neuen Beschützer der Stadt. s.S. 17

Am Ende eines so ereignisreichen Tages kannst du dir ein besonders gutes Eis in de Bar Todaro, - gleich bei den zwei Säulen - gönnen. Dabei kannst du von dort auch gleich die wunderschöne Sicht auf die Insel San Giorgio bewundern.

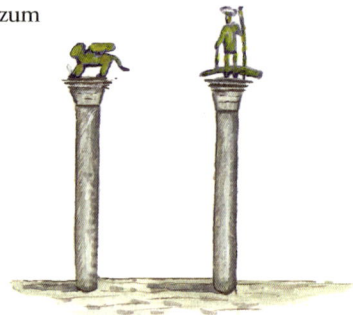

Der Bereich zwischen den beiden Säulen war der einzige, wo das Glücksspiel erlaubt war; hier befand sich auch die Richtstätte, an der öffentliche Hinrichtungen stattfanden. Daher auch die Gewohnheit der Venezianer, nie hier durchzugehen: Wer abergläubisch ist, meint, dass dies Unglück bringt!

Auf ein Spielchen
Blick von oben auf den Markusplatz
Was überfliegt die Taube Nina da auf dem Markusplatz?
Verbinde die Punkte und schon weißt du's!

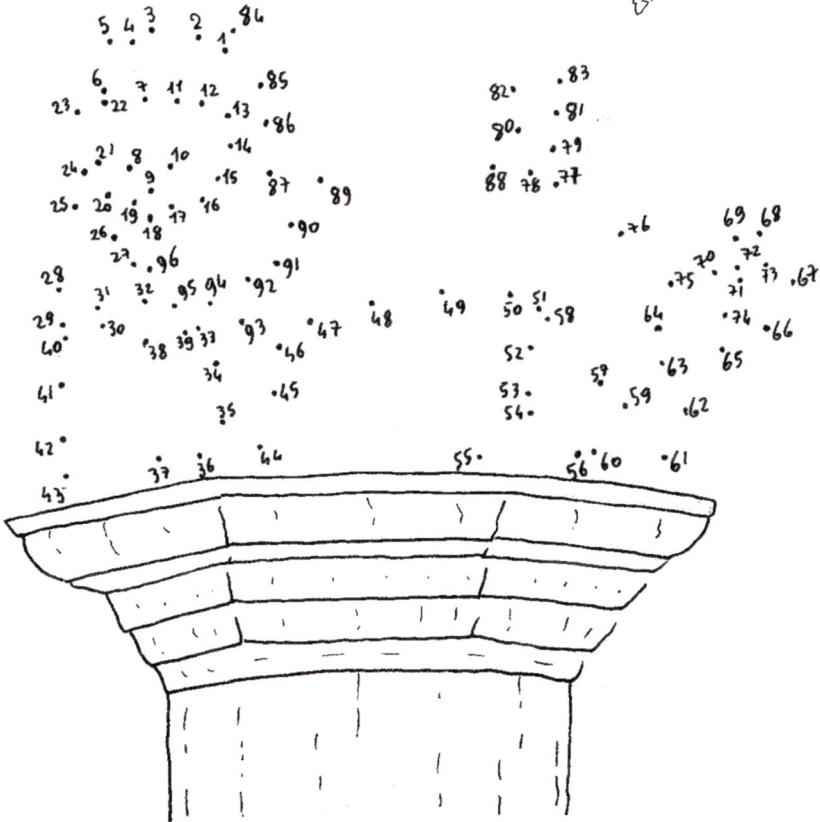

Die Rialto-Brücke

Mit der *Scalzi-Brücke* und der *Accademia-Brücke* ⌒ s.S. 34 ist dies eine der drei Brücken, die über den Canal Grande führen. Sicher ist sie eine der berühmtesten venezianischen Brücken. Bis 1800 war sie der einzige Verbindungsweg zwischen den zwei Stadtteilen, die durch den Canal Grande getrennt sind. Ursprünglich war sie aus Holz gebaut und konnte auch geöffnet werden, um die *Galeeren* ⌒ s.S. 41, Handelsschiffe und große Schiffe der venezianischen Flotte passieren zu lassen. Ende des 15. Jahrhunderts wurde sie (für gut 250.000 Golddukaten) aus Stein neu gebaut nach den Plänen des jungen *Antonio da Ponte*, der den Architektenwettbewerb gewann. Er schlug dabei so berühmte Renaissance-Architekten wie *Andrea Palladio* und *Jacopo Sansovino* aus dem Feld. Von der Balustrade der Rialto-Brücke sieht man das glanzvolle Panorama des Canal Grande vor sich. An den Brückenstufen finden sich heute so wie auch schon früher zahlreiche Läden.

Zu Füßen der Brücke liegt der **Rialto-Markt**: der Obst-, Gemüse- und Blumenmarkt (*erbarìa*) und der Fischmarkt (*pescarìa*), wo allerlei Meeresgetier verkauft wird. Auf diesen Märkten werden täglich frische Waren angeboten. Sie werden auf geräumigen Lastkähnen angeliefert.

Zu Füßen der Rialto-Brücke, zwischen dem Campo San Lio und dem Corte del Milion (wo Marco Polo wohnte) findest du die Osteria Al Pòrtego, ein typisches venezianisches Lokal (bacaro), wo du köstliche Imbisse (venezianisch: Cicheti) ausprobieren kannst ↪ s.S. 27

In einer Seitengasse der Calle Lunga San Lio findest du die Osteria Alle Testiere, eine Trattoria (Gaststätte) mit nur wenigen Tischen, aber einem großartigen Koch, der täglich exquisite Speisen der traditionellen venezianischen Küche zubereitet, oft mit Fisch.

Unweit der Rialto-Brücke gibt es die Spaghetteria-Snack Bar Tiziano, ein einladendes Lokal für alle, die an der Bar nur einen Happen essen oder ein Schnellgericht verschlingen möchten. Wenn du's eilig hast, gibt es eine riesengroße Auswahl an gefüllten Brötchen, Mini-Pizzas, gefüllte Fladenbrote, Toast, Tramezzini und gebackenen Mozzarella.

Das Ghetto

Es hat den Anschein, als würde das Wort *Ghetto* vom venezianischen *getar* stammen, das einschmelzen bedeutet: in diesem Bereich der Stadt gab es in alten Zeiten tatsächlich eine öffentliche Gießerei, von den Venezianern *geto* (Guss) genannt. Dort wurden die ersten Kanonen erzeugt, bis diese Herstellung 1390 zum Arsenal verlegt wurde ↪ s.S. 99. Im Laufe der Zeit wurde aus der Bezeichnung Ghetto jener Ausdruck, der den Ort beschreibt, an dem die Juden angesiedelt wurden. Dieser Bereich war auf die Insel *Gheto Novo* beschränkt. Tatsächlich wurden im Jahr 1516 durch einen Erlass des Rats der Zehn viele aus Spanien ausgewiesene Juden in diese spezielle Zone Venedigs verbannt. Noch heute besagt der Begriff *Ghetto*, dass dort Personen derselben Herkunft, Religion und Nationalität ansässig sind. Das Leben der Juden in Venedig war strikt reglementiert: Am Abend wurden die Tore des Ghettos geschlossen. Sie wurden von christlichen Soldaten bewacht, die aber von der jüdischen Gemeinde bezahlt werden mussten.

Des Nachts waren die Juden also von der übrigen Bevölkerung getrennt, untertags durften sie das Ghetto verlassen, aber sie mussten ihre Gemeindezugehörigkeit kenntlich machen und typische Kopfbedeckungen tragen. Sie durften Geld verleihen und nur im Lumpenhandel oder im medizinischen Bereich arbeiten. Das jüdische Viertel wurde zwar später etwas erweitert (es schloss dann das *Gheto Vecio* und das *Gheto Novissimo* ein), blieb aber immer dicht besiedelt: im 17. Jh. lebten mehr als 5000 Juden im Ghetto. Das erklärt auch, warum die Häuser in diesem Viertel ziemlich hoch sind – was für Venedig eher ungewöhnlich ist. Sie haben bis zu sieben oder acht Stockwerke. Als Napoleon 1797 nach Venedig kam und danach 1866 das Königreich Italien verkündet wurde, erlangte die jüdische Gemeinde von Venedig alle Freiheiten.

Das Museum
für jüdische Kunst
Campo del Ghetto Novo
Telefon: 041 715359
10 - 17.30 Uhr (von Oktober bis Mai)
10 - 19 Uhr (von Juni bis September)

Die Kirche
Santa Maria Gloriosa dei Frari

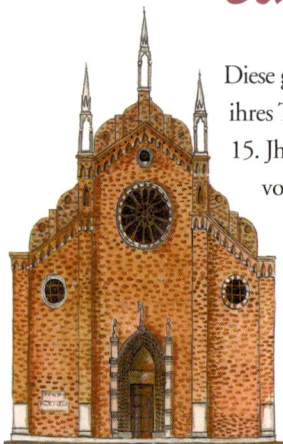

Frari-Kirche

Diese große gotische Kirche kommt mit ihrer Ausmaßen und der Höhe ihres Turms gleich nach der Markusbasilika. Sie wurde zu Beginn des 15. Jh. vollendet, gebaut für die Franziskaner auf den Fundamenten der vorhergehenden Kirche. Drinnen siehst du gleich eine große Marmorpyramide, die dich sicher neugierig macht: Sie besitzt eine offen stehende Tür, die das Jenseits symbolisieren soll. Dorthin begeben sich die Figuren eines Trauermarsches. Es ist dies ein Denkmal für **Canova**, das 1822 von den Schülern des großen klassizistischen Bildhauers geschaffen wurde. Ursprünglich war es von Canova für das Mausoleum des Malers *Tizian* gedacht gewesen, wurde jedoch aus Geldmangel nie ausgeführt.

Die Kirche beherbergt verschiedene **Dogengräber** (wie jene von *Nicolò Tron, Giovanni Pesaro* und *Francesco Foscari*) und zahlreiche künstlerische Meisterwerke: neben dem einzigen Standbild von *Donatello*, das in Venedig aufbewahrt wird, (*vom heiligen Johannes dem Täufer*) siehst du dort auch zwei wichtige Gemälde von *Tizian* (*Madonna di Ca' Pesaro* und, über dem Hauptaltar, die *Assunta*) und eines von *Giovanni Bellini* (*Madonna auf dem Thron mit dem Jesuskind und Heiligen*). In der Mitte befindet sich das **Chorgestühl der Frari**, ganz aus geschnitztem Holz von *Marco Cozzi*.

Die Scuola Grande di San Rocco

Der Namensheilige dieser Großen Schule ist *San Rocco*, der Beschützer der Pestkranken s.S. 27 Napoleon hat nach seinem Einmarsch in Venedig 1806 in einem Erlass verfügt, dass die meisten der Schulen und Klöster in der Stadt aufzulösen seien. Diese Scuola aber verschonte er. In früheren Zeiten widmete sich die Scuola der Versorgung der Pestkranken; heute ist San Rocco vor allem wegen seiner **Gemälde** berühmt, ungefähr fünfzig Meisterwerken, die zwischen 1564 und 1587 entstanden und von *Jacopo Robusti*, genannt *Tintoretto* stammen. (sein Vater war Färber / "tintore", daher sein Name). Es soll zuvor ein Wettbewerb ausgeschrieben worden sein, an dem verschiedene venezianische Maler mit ihren Projekten teilnehmen wollten. Aber *Tintoretto* war schlau: in aller Heimlichkeit malte er ein Tafelbild für die Decke und brachte es an der entsprechenden Stelle an. So schlug er alle Konkurrenten aus dem Feld und bekam den Auftrag. In 23 Jahren schuf er 50 Gemälde, sodass die Innenräume der Scuola ein völlig neues Aussehen bekamen.

Scuola Grande di San Rocco
Telefon 041 5234864, täglich geöffnet von 9 - 17 Uhr (im Sommer) 10 - 16 Uhr (im Winter)

Wenn du zwischendurch nur schnell einen Happen essen möchtest, zahlt es sich sicher aus, bei Da Tarcisio *reinzuschauen: Eis für jeden Geschmack, zusammengeklappte und normale Pizzas; genau hinter der Frari-Kirche.*

Scuola Grande di San Rocco

Campo dei Santi Giovanni e Paolo

Die Kirche der Heiligen Giovanni und Paolo

Diese schöne gotische Kirche, die im venezianischen Dialekt *San Zanipolo* heißt (was von den Namen der beiden Heiligen abgeleitet ist, denen sie gewidmet ist: *Zani* steht für Giovanni/Johannes und Polo für Paolo/Paul), wurde 1430 für den Orden der Dominikaner errichtet und ist die größte Kirche Venedigs. Weißt du eigentlich, dass der Platz vor der Kirche von den Venezianern *Campo delle Meravegie* (=meraviglie/Wunder) genannt wurde? Tatsächlich hat es den Anschein, dass dort außergewöhnliche und wundersame Dinge geschehen sein sollen; wenn du zu denen gehörst, die nicht so schnell von etwas beeindruckt sind, dann wirst du von dieser Kirche mit ihren Geheimnissen und Kuriositäten begeistert sein. Im Kircheninnern solltest du vor allem das **Denkmal von Marc'Antonio Bragadin** beachten. Unter der Büste von *Bragadin* (ihm wurde von den Türken 1571 nach dem Fall von Famagusta, der letzten venezianischen Bastion auf Zypern, bei lebendigem Leib die Haut vom Körper gezogen) soll sich eine Urne befinden, die seine Haut enthält! Aber es gibt noch eine Reliquie (das ist ein Überrest eines Körperteils eines/r Heiligen): den **Fuß der Heiligen Katharina von Siena.** Wusstest du, dass die Kirche auch den Namen trägt "Pantheon (=Ruhmeshalle) der Dogen"? Tatsächlich befinden sich hier **die Grabmäler von 25 Dogen.** Sieh dir dann die wunderbaren Gemälde genauer an, die in der Kirche verwahrt werden: den glanzvollen Flügelaltar (Polyptychon) von *Bellini* (San Vincenzo Ferreri), das Bild von *Lotto* (Das Almosen des heiligen Antonius) und den Bilderzyklus des *Veronese* in der **Rosenkranz-Kapelle.**

Für einen frischgepressten Fruchtsaft, einen Toast, ein Eis oder etwas Süßes (probier mal den Sahnepudding mit Rosinen) mach einen Sprung ins Café Rosa Salva. Es liegt direkt gegenüber der Kirche am Campo Santi Giovanni e Paolo und ist eine der ältesten Konditoreien Venedigs; im Sommer gibt's auch Tischchen im Freien.

Hexenhüte, fliegende Besen, Hexenkessel, in denen Zaubertränke brodeln – damit wurden in der Pizzeria Alla strega (zur Hexe) die Wände bemalt! Es gibt einen Garten, in netter und gemütlicher Atmosphäre kannst du hier zwischen ca. 70 verschiedenen Pizzen wählen – da ist wirklich für jeden was dabei! Gleich bei San Zanipolo.

Das Standbild von Bartolomeo Colleoni

Siehst du das Standbild des Feldherrn auf seinem Pferd, das den Platz überragt? Es ist ein Werk des florentinischen Künstlers *Verrocchio* (der Lehrmeister von Leonardo da Vinci) und stellt *Bartolomeo Colleoni* dar, den Befehlshaber einer Söldnertruppe, der seine Besitztümer der Stadtrepublik überlassen wollte. Dafür forderte er, dass vor San Marco (er meinte die Basilika) eine Statue von ihm aufgestellt werde. Solch ein Personenkult war jedoch in der Stadtrepublik nicht zulässig, nicht einmal der Doge konnte auf jenem Platz ein Standbild von sich errichten lassen. Aber die Republik, die an Geldmangel litt, rang sich zu einem Kompromiss durch: Bartolomeo Colleoni bekam seine Statue vor San Marco, allerdings handelte es sich um die *Scuola Grande di San Marco* (heute beherbergt sie das Gemeindespital von Venedig), die genau neben der Kirche der Heiligen Giovanni und Paolo liegt. Die Venezianer waren doch ganz schöne Schlaumeier, oder?

Kirche der Wunder

Diese hübsche kleine Kirche (Chiesa dei Miracoli) darfst du auf keinen Fall versäumen. Sie wurde Ende des 15. Jh. vom Architekten *Pietro Lombardo* errichtet und sieht wie ein Schrein aus: die Fassade ist mit wertvollen Marmorplatten im Renaissance-Stil dekoriert ⌢ s.S. 37. Sie liegt versteckt in einem Labyrinth von Gassen und Gässchen, erhebt sich halb aus dem Wasser, halb aus dem Steinboden, und ist so Ausdruck für den so genannten "Amphibien-Stil" in der venezianischen Architektur. Der Name dieser Kirche leitet sich von den angeblichen Wunderkräften des **Altargemäldes** her, **das die Jungfrau mit dem Kind darstellt**, aber auch davon, dass es möglich war, die Kirche auf so wundersame Weise zu erbauen: man verwendete einfach die vom Bau der Markuskirche übrig gebliebenen Marmorplatten. ⌢ s.S. 82-83

Sarde in saôr (süßsaure Sardinen), Insalata di piovra (Seepolypensalat), Baccalà alla Veneziana (Stockfisch auf venezianische Art), Tunfischkroketten, eingelegte kleine Tintenfische, Fischrisotto, Spaghetti mit Caparosoli… das sind nur einige der interessanten einheimischen Spezialitäten, die man in der freundlichen Atmosphäre der kleinen Osteria Da Alberto genießen kann. Sie liegt in der Calle Gallina.

Die Kirche San Pietro di Castello

Von der Via Garibaldi ist man in wenigen Minuten auf der *Insel von San Pietro di Castello*, eine der ersten Ansiedelungen in Venedig. In der Kirche befindet sich der geheimnisvolle **Marmorthron**, der von einem arabischen Grabstein stammen soll; der Legende zufolge hat auf diesem Thron der *heilige Petrus* gesessen. Die Insel hat eine magische Atmosphäre, so als läge sie außerhalb von Raum und Zeit, vielleicht auch, weil sie über die einzige Grasfläche verfügt, die Venedig noch verblieben ist. Die Kirche war der Sitz des *Patriarchen* (des Bischofs der Stadt) und war die Kathedrale von Venedig bis zum Jahr 1807. Da wurde sie von der Markusbasilika ersetzt, die ja ursprünglich nur eine Privatkapelle des Dogen gewesen war. ⌒ s.S. 82-83
Früher einmal kam die venezianische Bevölkerung an den Sonntagen in der Fastenzeit in diese Kirche. Nach dem Messbesuch speiste man dann *Fritole* ⌒ s.S. 59 sowie *suca baruca*, gerösteten Kürbis.

Kirche San Pietro di Castello
Tel. 041 2750462
täglich geöffnet
von 10 - 17 Uhr
🏛 San Pietro di Castello, Giardini

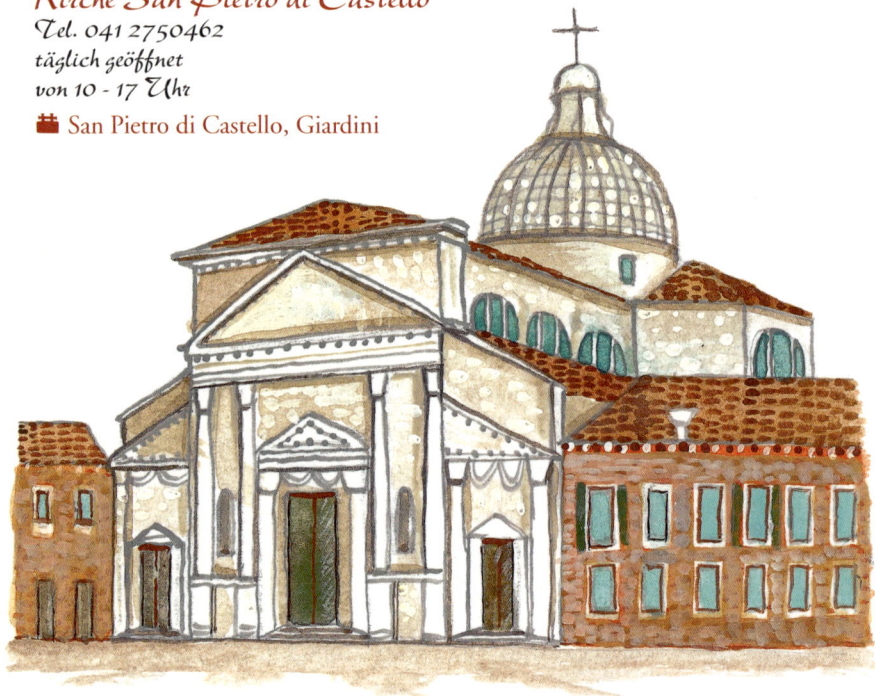

Das Arsenal

Das Arsenal in Venedig war einst die größte Schiffswerft der Welt. Es wurde im 12. Jh. gegründet und später erweitert, ist von hohen, zinnenbekrönten Mauern umgeben, als handle es sich um eine Stadt in der Stadt. Es erlangte so große Bekanntheit in ganz Europa, dass das Wort *Arsenal* – es kommt vom Arabischen *Darsina'a* (betriebsames Haus) – bald in 14 Sprachen gebräuchlich wurde.

Auch der italienische Dichter *Dante Alighieri* zeigte sich derart beeindruckt von den 16 000 Arbeitern im Arsenal, die mit Pech und heißem Teer hantierten, dass er sie im XXI *Höllengesang* seiner "göttlichen Komödie" verewigte. Sein Denkmal findest du gleich beim Eingang, wo auch vier wachsame Löwen zu sehen sind s.S. 15. Über dem Tor jedoch steht ein Kriegslöwe, der das Evangelium zwischen den Pfoten hält. s.S. 17 Dieses riesige Waffen-, Ruder- und Schiffsausstattungslager funktionierte auch als Schmiedewerkstatt für den Bau, die Wartung und die Reparatur der venezianischen Kriegs- und Handelsgaleeren. s.S. 41, 133

Arsenal
Telefon: 041 2709512
Besichtigung nach Vereinbarung
dienstags und samstags
von 8.30 - 12 Uhr
🎒 Arsenale

Köstliche Tramezzini gibt es in der Arsenalbar, einer netten kleinen Bar gegenüber dem majestätischen Eingangstor zum Arsenal.

Die Arbeiter des Arsenals nannte man *Arsenalotti*; sie arbeiteten in Teams: Zimmerleute, Sägewerker, Handlanger und Lehrlinge, jeder war Teil der Montagekette, einer neben dem anderen. Sie waren stolz darauf, bei der Stadtrepublik in Dienst zu stehen, in einem Wirtschaftszweig, der für die Macht und den Reichtum der Serenissima von so herausragender Bedeutung war wie eben die Schifffahrtsindustrie. Mit dem Vaporetto kann man das **Arsenale Vecchio** (altes Arsenal) durchqueren (da es sich um militärisches Sperrgebiet handelt, ist es nicht öffentlich zugänglich) und das Hafenbecken der Werft sehen, auf das man von den Schiffswerkstätten blickt.

Wenn du etwas über den einstigen Glanz der venezianischen Marine erfahren möchtest, musst du unbedingt das **Schifffahrtsmuseum** beim *Arsenal*, gegenüber der *Riva degli Schiavoni* besuchen. Dort gibt es Navigationsinstrumente, Schifffahrtstrophäen, Feuerwaffen, Erinnerungsstücke, Uniformen, Schiffsteile, Festungspläne, Seefeuererwaffen und ein kurioses Werkzeug, genannt "Kamel", das eine Art Mörser darstellte, mit dem man Schiffe packen und, falls dies nötig war, anheben und über allzu seichte Stellen in der Lagune befördern konnte.

Auch einige kleine **Modelle von Schiffen und Wasserfahrzeugen**, darunter eine Galeasse aus dem 17. Jh. und der **Bucintoro**, die wertvolle vergoldete Galeere, die das Symbol der Serenissima war und für die Feierlichkeiten beim *Sensa-Fest* verwendet wurde, sind hier ausgestellt. ⌒ s.S. 111

Schifffahrtsmuseum
Castello 2148
Telefon: 041 5200276
8.45 - 13.30 Uhr von April bis Juni
8.45 - 13 am Samstag
sonntags geschlossen

⊞ Arsenale

Spannendes und Wissenswertes

Wer wohnte am Campo dei Mori?

Auf diesem Platz, gleich beim Ghetto ⌐ s.S. 93 und dem Kai Fondamenta della Misericordia wohnten früher einmal die Gebrüder Mastelli, arabische Kaufleute, die während des Bürgerkriegs von Morea (am Peloponnes in Griechenland gelegen) geflüchtet und in Venedig um 1112 gelandet waren. An der Fassade eines Gebäudes befinden sich noch **vier orientalische Figuren** mit Turban, darunter die Brüder *Rioba*, *Sandi* und *Alfani*, Seidenhändler. Eine alte Legende besagt, dass die Statuen nichts anderes als die durch einen Zauber zu Stein gewordenen Körper der Kaufleute sind.

Woher hat die Ponte dei Pugni (Brücke der Fäuste) ihren Namen?

Die Brücke liegt zwischen dem *Campo San Barnaba* und dem *Campo Santa Margherita* ⌐ s.S. 125, wo sich in früherer Zeit die Mitglieder der gegnerischen Parteien der *Castellani* (Bewohner des Bezirks Castello, San Marco und Dorsoduro) und der *Nicolotti* (Bewohner von San Polo, Cannaregio, Santa Croce und San Nicolò dei Mendicoli) gegenüberstanden und Kämpfe austrugen.

Anfangs nahmen die Kämpfenden Stangen, später einfach die Fäuste zu Hilfe; da es damals noch kein Brückengeländer ⌐ s.S. 67 gab, fielen sie oft in den Kanal. Manchmal prallten die Widersacher so heftig aufeinander, dass es 1705 zu einem Verbot der Auseinandersetzungen kam. Auf der Brücke kann man noch heute die **Fußabdrücke** der gegnerischen Mannschaften erkennen.

Wer war der Balotin?

Ein 8 – 10jähriger Junge, der, per Zufall in der Markusbasilika ausgewählt, die Aufgabe hatte, aus der Wahlurne die *balote* – Stoffbällchen für die Wahl des Dogen – zu ziehen. ⌐ s.S. 89 Um in das höchste Amt gewählt zu werden, musste man nach mehreren Wahldurchgängen zumindest 25 Stimmen auf sich vereinen.

Wenn es regnet

Die Accademia
Die Guggenheim-Sammlung
Das Museum des venezianischen 18. Jahrhunderts
Das Textil- und Volkskundemuseum
Das Museum für moderne Kunst Ca' Pesaro
Das Museo Correr
Die Querini Stampalia-Stiftung
La Scuola di San Giorgio degli Schiavoni
Die Ca' d'Oro und die Sammlung Franchetti
Das Naturgeschichtliche Museum

Heute regnet's? Kein Problem, da gibt es wirklich ganz schön viel zu tun: wundervolle alte und modernere Gemälde bewundern; zwischen den vorgeschichtlichen Resten von Dinosauriern oder in einem venezianischen Palast aus dem 18. Jh. spannende Dinge entdecken; die Schätze der Ca'd'Oro heben oder die Legende vom heiligen Georg mit dem Drachen kennen lernen. Venedig hält tausend Geheimnisse und mindestens so viele Überraschungen für dich bereit!

Die Accademia

In den Sälen der Gemäldegalerie werden die wertvollsten und bedeutendsten Bilder der venezianischen Malerei aufbewahrt. Es ist eine Sammlung der Werke der berühmtesten Künstler Venedigs über alle Epochen hinweg.

Venezianische Gotik (14. Jh.): *Paolo Veneziano* und sein Schüler und Namensvetter *Lorenzo Veneziano* mit ihren prachtvollen und edlen Werken vor leuchtend goldenem Hintergrund (ein Zeichen für Reinheit) ließen sich von den ersten byzantinischen Ikonen und maurischen Arabesken inspirieren. (*Die Krönung der Jungfrau*, 1325, von Paolo Veneziano).

Frührenaissance (15. Jh.): *Bellini, Carpaccio* und *Giorgione* malen erstmals perspektivisch, interessieren sich für Landschaften und Architektur sowie weiche geschwungene Formen bei Personen, die mit Körperhaltung und Gesichtsausdruck ihre Gefühle zeigen (*Die Legende von der heiligen Ursula*, 1495 – 1500 von Carpaccio)

Hoch- und Spätrenaissance (16. Jh.): *Tizian, Tintoretto, Veronese* und *Lotto* kreieren einen eigenen Stil, den man als venezianischen Stil bezeichnet. Dabei spielen Farbe und Schattierungen, das Spiel von Licht und Schatten, der szenische Effekt der Bilder und die Kraft der Darstellung eine neue, wichtige Rolle. (*Gastmahl im Hause Levi*, 1573, von Veronese).

Barock und Rokoko (17./18. Jh.): *Tiepolo, Guardi* und *Longhi* entwickeln eine lebendige und raffinierte Art der Malerei, die stark an der Landschaft und am gesellschaftlichen Leben Venedigs interessiert ist (*Die Tanzstunde*, 1741, von Pietro Longhi).

In der **Grafiksammlung** gibt es auch einige Blätter von *Leonardo da Vinci* und das Skizzenheft von *Canaletto*, der uns mit seinen Arbeiten fast fotografisch genaue Ansichten des Venedigs von damals, also der ersten Hälfte des 18. Jh. präsentiert.

Gallerie dell'Accademia
Dorsoduro 1050 - Telefon 0039041 5222247
Montags von 8.15 – 14 Uhr, dienstags bis sonntags 8.15 – 19 Uhr
🏛 **Accademia**

Die Guggenheim-Sammlung

Der Palast, der die Guggenheim-Sammlung beherbergt, wurde **Ca' Venier dei Leoni** genannt, Dies deshalb, weil es hieß, die Familie *Venier* sei so exzentrisch gewesen, dass sie im Garten einen Löwen an der Leine hielt! Wie man feststellen kann, wurden die Bauarbeiten an diesem Gebäude nach Errichtung eines einzigen Geschoßes beendet, der Grund dafür war vielleicht Geldmangel. Die letzte Besitzerin war die vermögende amerikanische Kunstsammlerin *Peggy Guggenheim*, nach ihrem Tod wurde der Palazzo zum **Museum für moderne Kunst**, das für die Öffentlichkeit zugänglich ist. Seine Säle beherbergen eine der wichtigsten Kunstsammlungen von **Werken des 20. Jahrhunderts**: Es sind dies Arbeiten von *Picasso, Pollock, Mirò, Mondrian, Magritte, Kandinsky, De Chirico, Klee* und anderen berühmten Künstlern des 20. Jh. Auch einen hübschen Garten gibt es, wo die Plastiken bekannter Bildhauer gezeigt werden. Hier sind auch die vielen Hunde der spleenigen Peggy begraben. Auf einem Grabstein sind sie alle verewigt, von *Foglia* bis *Cappuccino*. Wunderschön auch das Gittertor am Eingang: Es gleicht einem Netz aus Metall, in dem sich kleine Stücke aus farbigem Glas verheddert haben.

Die Guggenheim-Sammlung
Dorsoduro 701 - Tel.: 041 2405411
geöffnet 10.00 - 18.00 Uhr
bzw. 10.00 - 22.00 Uhr
(Sommersamstage)
dienstags geschlossen

🏛 Salute, Accademia

Du hast dir wirklich das berühmte "Gianduiotto"-Eis von der Gelateria da Nico verdient: Wer kann da schon nein sagen! Du findest es bei den Zattere, gleich bei der Vaporetto-Haltestelle.

Das Museum des venezianischen 18. Jahrhunderts

Weißt du, wie das Leben in Venedig im 18. Jahrhundert war? Um das herauszufinden, musst du in die **Ca' Rezzonico**, einen echten venezianischen Palast aus der Barock-Zeit. ↷ s.S. 37 In den mit Fresken geschmückten Sälen des Museums findest du nämlich **Möbel und Kunstgegenstände** wie Chinoiserien, Spiegel, vergoldete Kandelaber, glanzvolle Kerzenleuchter aus Muranoglas, Wandteppiche, Porzellansammlungen und noch viele andere Gegenstände aus dem 18. Jahrhundert.
Du kannst ein komplettes **Schlafzimmer**, aber auch ein **Marionettentheater** und eine alte **Apotheke** sehen. Das Museum beherbergt außerdem **Gemälde** berühmter Meister des venezianischen 18. Jahrhunderts, wie *Guardi* und *Tiepolo* und spezielle Werke von *Pietro Longhi*, die deshalb spannend sind, weil sie die Atmosphäre in den adeligen Salons und das Alltagsleben der Venezianer zu jener Zeit einfangen: die Figuren, aufgereiht wie auf einer Theaterbühne, werden abgebildet, als sie gerade mit alltäglichen Tätigkeiten beschäftigt sind.

Ca' Rezzonico
fondamenta Rezzonico 3136 - Telefon: 041 2410 100
10 - 18 Uhr (im Sommer) bzw.; 10 - 17 Uhr (im Winter)
dienstags geschlossen
Ca' Rezzonico

Das Textil- und Volkskundemuseum

Im **Palazzo Mocenigo** angesiedelt (er ist ein schönes Beispiel für ein gut erhaltenes venezianisches Bürgerhaus aus dem 17. Jh.), beherbergt das Museum eine prächtige **Sammlung wertvoller alter und neuer Stoffe**, eine umfangreiche **Kollektion von Kleidern und Accessoires**, die die Mode des 18. Jahrhunderts in Venedig dokumentieren sowie eine interessante Auswahl an Kostümen aus verschiedenen Epochen. Außerdem gibt es eine große **Bibliothek** mit ca. 6000 Büchern, die von Stoffen, Bekleidung und Mode im Wandel der Zeiten erzählen.

Museum im Palazzo Mocenigo
Santa Croce 1992 - Telefon: 041 721 798
10 - 17 Uhr (im Sommer) bzw.; 10 - 16 Uhr (im Winter)
montags geschlossen
San Stae

Das Museum
für moderne Kunst Ca' Pesaro

Der imposante Palast Ca' Pesaro aus dem 17. Jahrhundert wendet seine Hauptfassade dem Canal Grande zu. Er beherbergt eine der eindruckvollsten europäischen Sammlungen **moderner Malerei und Plastiken**. Das Gebäude ist ein Schmuckstück venezianischer Barockarchitektur von *Baldassare Longhena*; berühmte Werke italienischer Künstler des 20. Jahrhunderts, von *Boccioni, De Chirico, Casorati, Martini, Sironi, Morandi* und anderen sind dort ausgestellt. Große internationale Künstler wie *Kandinksy, Chagall, Klee, Matisse, Klimt* und *Mirò*, um nur einige zu nennen, fehlen natürlich auch nicht. Wenn du dich für ältere Kunst aus dem Orient interessierst, darfst du dir die kostbare Sammlung **japanischer Kunst und japanischen Kriegsgeräts** aus der *Edo-Periode* (1614 – 1868) nicht entgehen lassen. Sie wird in den oberen Stockwerken gezeigt.

Museum für moderne Kunst Ca' Pesaro
Santa Croce 2076 - Telefon: 041 5240695
November bis März 10 - 17 Uhr;
April bis Oktober 10 - 18 Uhr,
montags geschlossen
San Stae

Das Museo Correr

Es zeigt einen interessanten Zugang zur Geschichte und Kunst Venedigs. Man beginnt im **Napoleonischen Flügel** s.S. 81, wo die wundervollen Skulpturen von Antonio Canova ausgestellt sind, und geht dann weiter in die Räume, die der Republica Serenissima gewidmet sind. s.S. 20-23 Im zweiten Stock befinden sich das **Risorgimento-Museum** (1797 – 1866) und die **Pinakothek**, die Meisterwerke von *Vittorio Carpaccio* (*Bildnis eines jungen Mannes mit roter Kappe*), *Giovanni Bellini, Paolo Veneziano* und *Lorenzo Lotto* zeigt.

Museo Correr
San Marco 52
Telefon: 041 2405211
täglich geöffnet 9 - 19 Uhr (im Sommer)
bzw. 9 - 17 Uhr (im Winter)
San Marco

Die Querini Stampalia-Stiftung

Sie umfasst den Nachlass der Adelsfamilie *Querini-Stampalia*. Der Palast wurde der Stadt im Jahre 1868 vom letzten Nachfahren der Familie zum Geschenk gemacht. Die umfangreiche Bibliothek besteht aus ungefähr 300.000 Bänden. In diesem Museum, das einst ein Wohnhaus war, können **Gemälde** großer Künstler wie *Giovanni Bellini* und *Giambattista Tiepolo* bewundert werden. Sieh' dir im Erdgeschoß den venezianischen Hof an, der von *Carlo Scarpa* in einen **Garten** umgewandelt wurde. ⌒ s.S.41

Querini Stampalia-Stiftung
Castello 5252 - Telefon: 041 2711411
10 - 18 Uhr geöffnet;
Freitag und Samstag 10 - 22 Uhr,
montags geschlossen

Die "Scuola di San Giorgio degli Schiavoni"

Kennst du die Geschichte vom *heiligen Georg* dem Ritter, und wie er die Königstochter rettete? Sie sollte einem schrecklichen Drachen geopfert werden, der nur Menschenfleisch fraß. Und die Geschichte des Jungen *Trifon*, der die Tochter des Kaisers *Gordian* aus der Gefangenschaft des Teufel befreite? Dieser hatte sich in ein schreckliches Monster, einen *Basilisken*, verwandelt. Oder von dem Wunder, als der weise *heilige Hieronymus* einen Dorn aus der Tatze eines wilden Löwen zog? Die Helden dieser Geschichten sind die drei heiligen Beschützer der Dalmatiner und ihre Erlebnisse werden in neun Gemälden (*teleri* genannt) erzählt. Sie werden in dieser Scuola aufbewahrt und wurden von *Vittorio Carpaccio* in den Jahren von 1502 – 1508 gemalt. Er schuf darauf eine fast märchenartige Atmosphäre und gab auch die kleinsten Details genau wieder. Die neun *teleri*, die in drei Mal-Zyklen unterteilt sind, wurden bei ihm von der Gemeinschaft der Dalmatiner (*Schiavoni* genannt) in Auftrag gegeben. Sie hatten sich des Handels wegen in Venedig niedergelassen und in der *Scuola Dalmata* (*Dalmatinischen Schule*) zusammengeschlossen.

Scuola di San Giorgio degli Schiavoni
Telefon: 041 5228828
geöffnet 10 - 12.30 Uhr und 15 - 18 Uhr
Sonntag Nachmittag und Montag geschlossen

Die Ca' d'Oro
und die Sammlung Franchetti

Dies ist der einzige Palast in Venedig, der seinen Namen nicht seinem Besitzer, *Marino Contarini*, verdankt, sondern der glitzernden Goldauflage, die früher einmal seine elegante Fassade zum Leuchten brachte. Von den *Gebrüdern Bon* im Jahr 1440 vollendet, ist die Ca' d'Oro wie auch der Dogenpalast ⌐ s.S. 87, eines der berühmtesten Beispiele für den "blumigen" Gotikstil Venedigs. Dies wegen seiner üppigen und eleganten Schmuckelemente. ⌐ s.S. 36 Wie beim Dogenpalast ist auch hier die **Fassade** wie Flechtwerk dekoriert mit kunstvollen Durchbrüchen und edlem vielfarbigen Marmor, die den nachhaltigen Einfluss des orientalischen Stils verraten. Hinter seinen Mauern verbirgt sich die **Sammlung alter Kunst**, die dem letzten Besitzer des Palasts, *Baron Franchetti*, gehört hatte. 1916 hat er sie gemeinsam mit dem Gebäude dem Staat geschenkt. Es wurde in ein Museum umgewandelt, das vor kurzem renoviert wurde. Zu den schönsten Kunstwerken zählen: der **heilige Sebastian** (1506) von *Andrea Mantegna*, **das junge Paar** aus Marmor (1493) von *Tullio Lombardo*, **die Verkündigung** (1504) von *Vittore Carpaccio* und die **Venus im Spiegel** von *Tizian*.

Warum nicht ein köstliches Eis zur Jause? In der Gelateria Soldà auf dem Campo SS. Apostoli hast du die Qual der Wahl!

Sammlung Franchetti
Cannaregio 3933
Telefon: 041 5238790
täglich von 8.15 - 19.15 geöffnet,
montags 8.15 - 14 Uhr
Ca' d'Oro

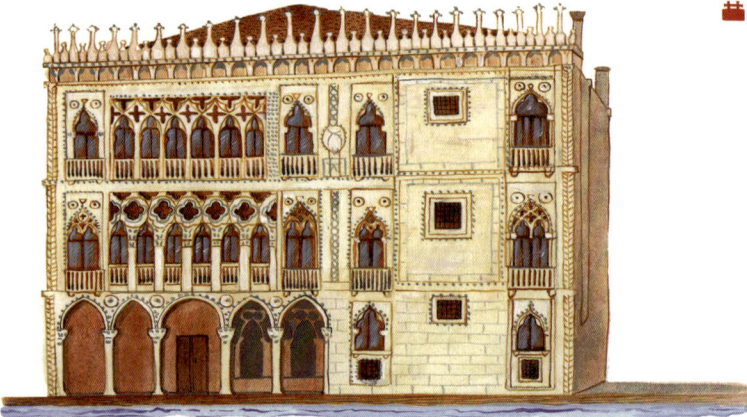

Das Naturgeschichtliche Museum

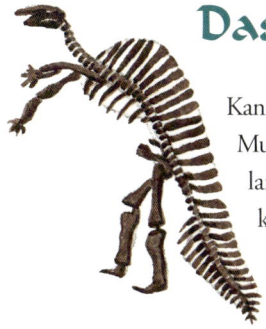

Kann man in Venedig ein Saurierskelett sehen? Ja, im naturgeschichtlichen Museum. Es handelt sich um einen *Ouranosaurus Nigeriensis*, der gut 7 m lang und 3,6 m groß ist. Du kannst hier auch einen Vorfahr des Krokodils finden, den *Sarcosuchus Imperator*, und eine ganze Sammlung **ausgestopfter Tiere, Steine, Fossilien** von Krustentieren und eine Abteilung, die sich mit dem Leben in der Lagune beschäftigt.

Der Palast im venezianisch-byzantinischen Stil ist einer der ältesten der Stadt. s.S. 36 Im Jahr 1621 wurde er von den Türken erworben, die daraus ein Lagerhaus (**fondaco**) s.S. 67 für ihre Handelsgeschäfte machten. Nachdem es eine Zeit nicht mehr benützt wurde, wurde es schließlich unter der österreichischen Herrschaft restauriert; seit Beginn des 20. Jahrhunderts beherbergt es das naturgeschichtliche Museum.

Naturgeschichtliches Museum
Santa Croce 1730 - Telefon: 041 2750206
Geöffnet von 9 - 13 Uhr und von 10 - 16 Uhr
(Samstag und Sonntag)
Montags geschlossen
Riva di Biasio

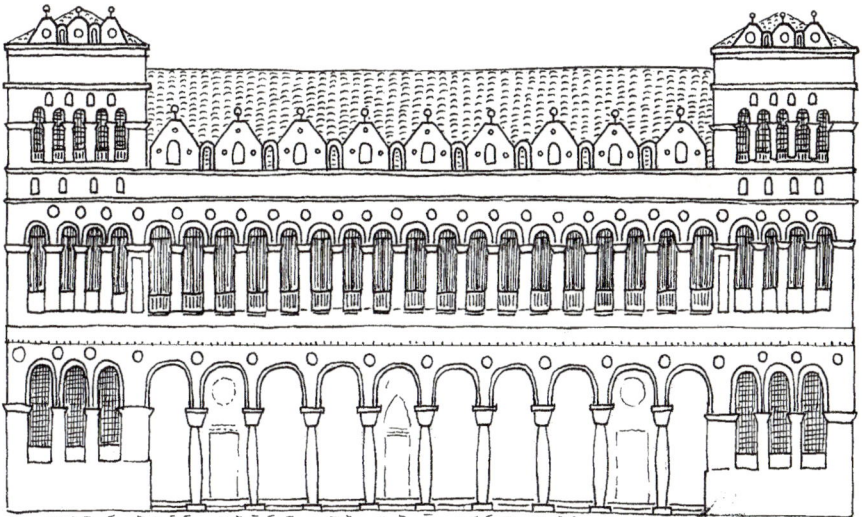

Auf ein Spielchen

Finde heraus, welcher geheimnisvolle Gegenstand sich hier verbirgt!

Was bewundert Ciccio in einem der Säle der Ca' Rezzonico? Verbinde die Punkte und schon weißt du's!

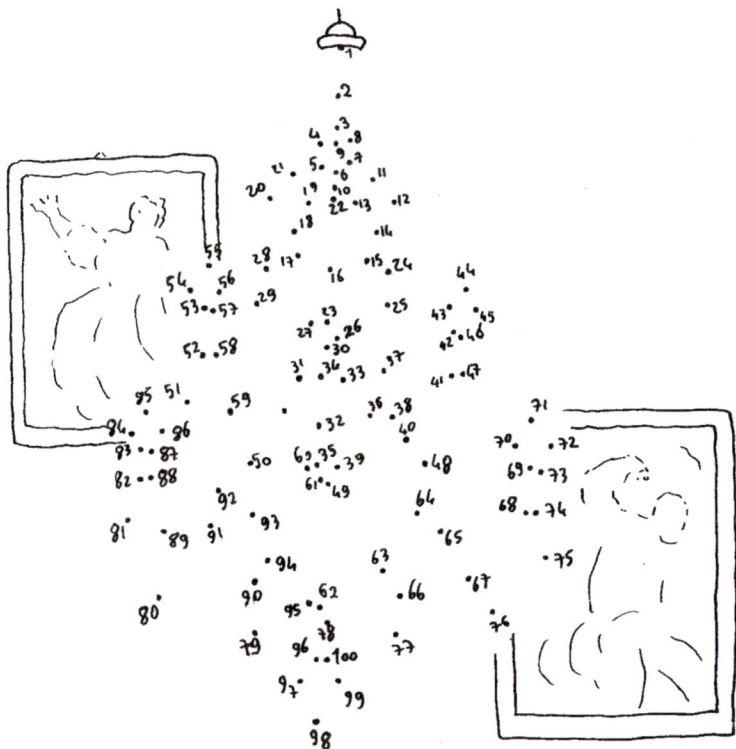

Spannendes und Wissenswertes

Was wurde mit dem Sensa-Fest gefeiert?

Am Himmelfahrtstag stieg der Doge in den *Bucintoro*, die majestätische Gondel des Dogen, die mit Ornamenten und Goldauflagen verziert war, und warf den *Vermählungsring* ins Wasser. Dabei sprach er: "Wir ehelichen dich, Meer, zum Zeichen wahrhafter und ewiger Herrschaft über dich". Das *Sensa-Fest* wird auch heute noch gefeiert, aber anstelle des Dogen zelebriert der Bürgermeister die Vermählung Venedigs mit dem Meer, einstmals Quelle aller Macht und allen Reichtums für die Serenissima.

Was bedeutet eigentlich das Wort Karneval?

Es stammt vom Lateinischen *Carnem levare* ab, was soviel wie "sich des Fleisches enthalten" bedeutet. Das erklärt anschaulich, wie vergnügungssüchtig die Leute während dieses Festes waren, das mit dem Beginn der 40-tägigen Fastenzeit sein Ende findet. In dieser Zeit vor Ostern tut man Buße und übt Verzicht.

Standen im Goldenen Buch der Stadt immer nur die Namen von Adeligen?

Nein, um die Kasse der Stadtrepublik zu füllen, wurden auch einige reiche Kaufleute im Goldenen Buch eingetragen, immer vorausgesetzt, dass sie ordentliche Geldsummen locker machten. ⌐ s.S. 89

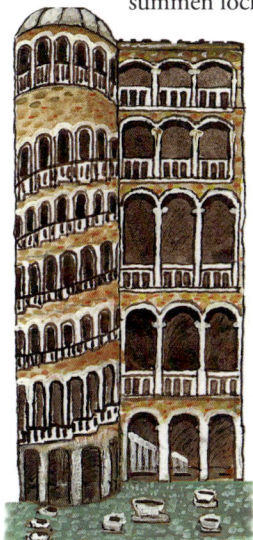

Was heißt 'Bòvolo'?

Auf venezianisch ist das das Wort für Schnecke: danach wurde der wunderschöne **Palazzo Contarini** (1499) benannt. Er liegt nahe dem Campo Manin, hinter dem Campo San Luca, und wurde deshalb "*del Bòvolo*" genannt, weil sein Stiegenhaus sich schnecken-artig emporwindet.

Was ist die "Festa delle Marie"?

In der Kirche *Santa Maria Formosa* ⌐ s.S. 124, spendeten jedes Jahr am 30. Januar die sechs Stadtbezirke Venedigs zwölf armen Mädchen, den "Marias", eine Mitgift. Diese paradierten dann in prunkvollen langen Gewändern entlang des Canal Grande bis zur Kirche *San Pietro di Castello*. ⌐ s.S. 98

Die Inseln der Lagune

Die Giudecca

In alten Zeiten hieß diese Insel wegen ihrer Form *Spinalunga*, lange Fischgräte. Früher dachte man, dass der Name Giudecca damit zu tun hätte, dass im 13. Jh. Juden (giudei) auf dieser Insel ansässig waren.

Wahrscheinlicher ist jedoch, dass die Bezeichnung Giudecca von *zudegà* (die Verurteilten) kommt: das waren aufmüpfige Adelige, die hierher verbannt wurden. Heute gibt es die Gemüse- und Obstgärten von früher fast nicht mehr, dafür aber viele **neue Bauten**: hier findet man das luxuriöse *Hotel Cipriani* (das einzige Hotel in Venedig mit Swimmingpool), *Harry's Dolci* (Konditorei, Café und Restaurant unter der Leitung von *Arrigo Cipriani*, dem Besitzer der berühmten *Harry's Bar* ⌒ s.S. 145), das Kongresszentrum **Zitelle** (in der Palladiokirche delle Zitelle, die vor kurzem restauriert wurde und deshalb so heißt, weil sie früher einmal ein Zufluchtsort für junge Mädchen (zitelle) war, die Spitzen stickten). Auch der riesige Komplex der **Stucky-Mühle**, im *neugotischen Stil* Ende des 19. Jahrhunderts erbaut, ist vor kurzem restauriert worden.

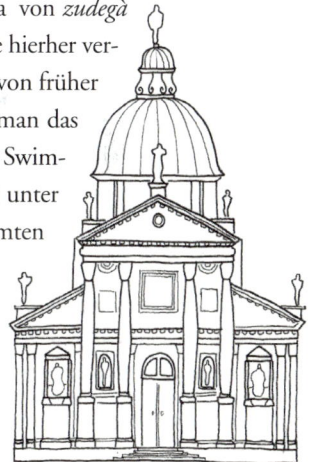

Chiesa delle Zitelle

Chiesa del Redentore

Das architektonische Meisterwerk der Insel ist und bleibt jedoch die **Chiesa del Redentore** / die Erlöserkirche, nach Plänen von *Andrea Palladio* von 1577 bis 1592 erbaut. Dies zum Dank dafür, dass die Stadt von der Geißel der Pest befreit wurde. Jedes Jahr besuchte der Doge mit seinem Gefolge die Erlöserkirche. Er überquerte den Canal della Giudecca auf einer **Brücke aus lauter Schiffen**. So entstand die berühmte **Festa del Redentore**, das Erlöserfest, das auch noch heute am dritten Juliwochenende gefeiert wird. s.S. 62

🎫 Redentore, Zitelle

Die Insel San Giorgio, die Zypresseninsel

Früher bekannt als Insel der Zypressen, ist sie heute Sitz der **Cini-Stiftung**, einem wichtigen kulturellen Veranstaltungs- und Kongresszentrum. Die **Kirche** und das **Kloster der Benediktinermönche** wurden vom Architekt *Andrea Palladio* von 1560 bis 1580 im Rennaissancestil erbaut. Dieser Stil nimmt Anleihe beim klassischen Stil des alten Rom. s.S. 37. Im Kircheninneren kannst du drei Gemälde von *Tintoretto* sehen, das Prachtstück ist jedoch das berühmte Bild vom *Heiligen Georg mit dem Drachen* (1516) von *Carpaccio*. s.S. 107. Auf der Insel gibt es noch ein Freilufttheater, das **Teatro Verdi**. Du kannst mit dem Aufzug zur Spitze des **Campanile** hinauffahren und das beeindruckende Panorama der Lagune aus der Vogelperspektive genießen.

🎫 San Giorgio

Der Lido – am Strand von Venedig

Die Lido-Insel, die man mit dem Schiff, dem Motorboot oder einem Vaporetto erreicht ⌒ s.S. 49, ist 12 km lang und 1 km breit. Als einziger Laguneninsel dürfen hier Autos fahren (sie kommen von der Insel *Tronchetto* mit der Fähre); der Lido grenzt Venedig zur Adria hin ab. In der schönen Jahreszeit stellt ein Besuch am Lido einen netten Ausgleich zu den kulturellen Aktivitäten dar und bietet die Gelegenheit, einen Tag ganz entspannt in der freien Natur zu verbringen. Du kannst zwischen zwei Möglichkeiten wählen.

🗓 Lido S.M. Elisabetta, Casinò.

Sandstrand

Wenn du die *Gran Viale Santa Maria Elisabetta* entlangläufst, kommst du in 10 min. direkt zum Meer. Dort gibt es einen **freien Strand** (genau am Ende der Straße, wo die *Terrazza Blue Moon liegt*) und auch **Badeanstalten**, wo man eine Kabine, Sonnenschirme, Liegestühle und -betten mieten kann. Das Meer ist sauber und du kannst ruhig schwimmen gehen.

Mit dem Fahrrad über die Insel

Am Beginn der *Via Doge Michiel* genau gegenüber der Haltestelle vom Vaporetto kann man Fahrräder und Tandems ausleihen. ⌒ s.S. 154 So kann man die Insel mit dem Rad erkunden. Wenn du nach links fährst, kommst du zum **San Nicolò-Strand, zum Leuchtturm** und zum kleinen **Lido-Flughafen Nicelli**. Rechts geht's nach den *Murazzi* ⌒ s.S. 66, zum Örtchen **Malamocco** (hier befand sich im 8. Jh. der Sitz der Regierung) und der **Zona degli Alberoni**, wo ein wunderbar grüner Golfplatz, ein Pinienwald und ein fantastischer Dünenstrand auf dich warten.

Möchtest du gerne einen Panoramaflug machen und die Wunder der Lagune von Venedig aus der Vogelperspektive bestaunen? Dieser Traum kann Wirklichkeit werden! Am Flughafen Nicelli am Lido, in der Zona San Nicolo gibt es einen Luftfahrtsklub, der nicht nur Fallschirmspringerkurse und Einzelflugstunden anbietet, sondern auch tolle und unvergessliche Rundflüge über die Lagune. Aeroclub Ancillotto Telefon 041 5260808

Murano, die Glasbläserinsel

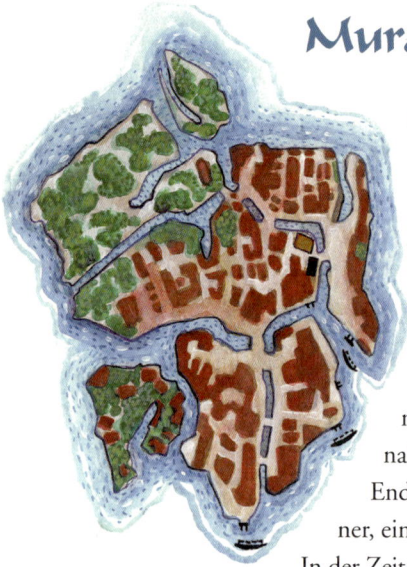

Das ist die Laguneninsel, auf der die meisten Menschen wohnen. Sie besteht wie Venedig aus mehreren kleinen Inseln, die untereinander durch Brücken verbunden sind. Murano ist auf der ganzen Welt für seine Glasbläserkunst bekannt. Dieser traditionelle Handwerkszweig entstand im Venedig des 10. Jahrhunderts; im Jahre 1291 übersiedelten die Glashersteller aus der Stadt nach Murano. Dies war eine reine Vorsichtsmaßnahme, da die Brandgefahr zu groß geworden war. Ende des 13. Jh. hatte die Insel über 30.000 Einwohner, eine eigene Regierung, Gesetzgebung und Währung. In der Zeit vom 15. bis zum 17. Jh. wurde Murano zum wichtigsten Zentrum für Glaserzeugung in Europa. Obwohl die Glasbläser viele Vorrechte besaßen, war es ihnen untersagt, die Insel zu verlassen. Sonst riskierten sie schwerwiegende Bestrafungen und manchmal sogar den Tod. Die Geheimnisse ihres Handwerks sollten der Republik vorbehalten bleiben.

Die einst glanzvolle Periode Muranos ist heute noch an einigen Palästen abzulesen, vor allem aber an der **Basilika der Heiligen Maria und Donato**. Diese Kirche aus dem 12. Jahrhundert ist mit eleganten byzantinisch-venezianischen **Säulen** und wunderbaren **Mosaiken** ausgestattet. Auf den Mosaiken tummeln sich exotische Vögel und geheimnisvolle Symbole. Der interessanteste Teil der Kirche jedoch ist die **Apsis**, die mit einem Mosaik der Madonna vor goldenem Hintergrund verkleidet ist.

Colonna, Faro, Navagero Museo, Venier

Die Haupttouristenattraktion der Insel ist auch heute noch die spezielle Technik des Glasblasens durch die **Glasbläsermeister**, die eine Kugel aus flüssigem Glas in ein wunderbares Kunstobjekt verwandeln können. In den zahlreichen Glasbläserwerkstätten kannst du sie bei ihrer Arbeit beobachten; zuschauen kostet nichts! Die traditionelle Technik von Murano ist die der **Murrine**, kleine, zylindrisch geformte Glasstückchen, die aus farbigen Röhren Glaspaste gewonnen werden und so miteinander verschmolzen werden, dass ein dekoratives Muster entsteht.

Im **Museo del Vetro** – Glasmuseum – findest du neben vielen ausgestellten Objekten auch die berühmte **Coppa Barovier**: sie ist aus geblasenem und emailliertem Glas, stammt aus dem 15. Jahrhundert und ist ein hervorragendes Beispiel einer alten Tradition und ihrer erlesenen Erzeugnisse aus Murano.

Museo vetrario
Telefon: 041 739586
Im Sommer 10 - 17 Uhr,
im Winter 10 - 16 Uhr,
mittwochs geschlossen
🧰 Museo

Galleria Regina
Nur wenige Schritte vom Museum
kannst du diese berühmte Galerie
besuchen, die Werke zeitgenössischer
Glaskünstler von Weltrang ausstellt.

Torcello, die alte Insel

Wie würde es dir gefallen, auf **Attilas Thron** zu sitzen? Der berühmte König der Hunnen wurde wegen seiner Grausamkeit und Zerstörungswut auch "die Geißel Gottes" genannt. Der Thron steht auf Torcello, jener verzauberten Insel im Herzen der Lagune.

Abfahrt von: 🚌 Fondamente Nuove

Torcello wurde von Flüchtlingen aus Altino gegründet, die sich vor den Einfällen der Barbaren auf die Insel retteten ↷ s.S. 18. Es war einst eine reiche und bedeutende Insel mit vielen Palästen, Kirchen, Klöstern und über 10.000 Einwohnern.

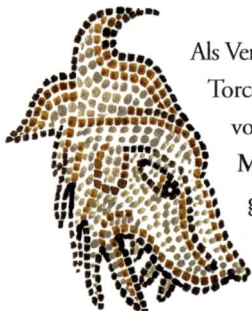

Als Venedig jedoch immer mächtiger wurde, bedeutete das den Niedergang Torcellos: heute leben nicht viel mehr als 30 Personen auf der Insel und vom Ruhm der Vergangenheit zeugt nur mehr die **Kathedrale Santa Maria Assunta**. Sie ist die älteste Kirche der Lagune, wurde im 12. Jh. gegründet und beherbergt das große **Mosaik vom Weltgericht** sowie kostbare **Flachreliefs** mit Blumen- und Tiermotiven.

Kathedrale Santa Maria Assunta
Telefon: 041 730119
Täglich geöffnet
von 10.30 - 17.30 Uhr (im Sommer)
bzw. von 10 - 16.30 Uhr (im Winter)
🚌 Torcello

Chiesa di Santa Fosca

Neben den Überresten der **Taufkapelle** und der byzantinische **Kirche Santa Fosca**, die als Grundriss ein *griechisches Kreuz* aufweist wie auch die Markuskirche (was bedeutet, dass das Quer- und Kreuzschiff der Kirche gleich lang sind) ⌐ s.S. 18, kannst du dir auch das **Museo dell'Estuario** ansehen. Dort werden archäologische Schätze und Fundgegenstände von Grabungen gezeigt.

Museo dell'Estuario
Telefon: 041 730761
geöffnet von 10.30 - 17.30 Uhr (im Sommer)
bzw. von 10 - 16.30 Uhr (im Winter)
montags geschlossen

Burano,
die Insel der Spitzenstickerinnen

Sonnengelb, kirschrot, elektrisch-blau, smaragdgrün, pink… das sind die Farben der **Häuser** auf Burano. Sicher ist sie die bunteste aller Laguneninseln! Die lebhaften Farben der Häuser strahlen Fröhlichkeit aus, vor allem während der nebeligen Wintertage. Im Norden der Lagune gelegen, ist Burano vor allem für den Fischfang und die Herstellung von **Spitzen** bekannt.

Während der schönen Jahreszeit ist es gut möglich, dass du Frauen im Freien vor den Häusern sitzen siehst, die geschickt und sehr geduldig die berühmten Spitzen herstellen. Du kannst auch das **Museum der Schule für Spitzensticken** am Hauptplatz der Insel besuchen. Dieser ist nach *Baldassare Galuppi* benannt, jenem bekannten Komponisten, der auf Burano Anfang des 18. Jh. geboren wurde.

Abfahrt von:

🚌 Fondamenta Nuove

Spitzenmuseum
Piazza B. Galuppi 187 - Tel.: 041 730034
geöffnet von 10 - 17 Uhr (im Sommer)
bzw. von 10 - 16 Uhr (im Winter)
dienstags geschlossen

Spannendes und Wissenswertes

Was hat es mit dem berühmten "venezianisch blond" auf sich, für das die Damen der Serenissima berühmt waren?

Es handelt sich dabei um ein Goldblond, das etwas leicht Rötliches hat. Man findet es bei den Frauenbildern großer Meister wie *Veronese* und *Tizian*. Man glaubt, dass sich die Venezianerinnen auf ihren Balkonen ⌒ s.S. 31, mithilfe der Sonne und einem speziellen Mittel aus Damaskus-Seife, Alaun, Pferdeurin und Blei die Haare aufhellten. Was tat man damals nicht alles, um schön zu sein…

Was ist das Filmfestival?

Das ist ein wichtiger internationaler Filmwettbewerb, der einmal jährlich im **Palazzo del Cinema** am Lido stattfindet, und zwar während der ersten zwei Septemberwochen. Viele italienische und internationale Filme beteiligen sich daran: der beste wird mit dem *Goldenen Löwen* ausgezeichnet.

Was sind die Zattere?

Das ist eine Uferpromenade, die der Giudecca-Insel gegenüber liegt. Der Name kommt wahrscheinlich von den *schwimmenden Flößen* (*zattere*), die seinerzeit an dieser Stelle Salz abluden, worauf Venedig vom 11. bis zum 15. Jahrhundert ein Handelsmonopol hatte. Heute sind die *Zattere*, vor allem an Schönwettertagen, von Menschen bevölkert, die an der Uferpromenade auf und ab spazieren und die Gastgärten der Bars, Restaurants und Cafés besuchen.

Spiel und Spaß in Venedig

Wo gibt es Spiel und Spaß?
Spiele und Redensarten
Das blaue Labor und die Ludothek
Spielen im Grünen
Ein Nachmittag im Schwimmbad

Wo gibt es Spiel und Spaß?

Wo kannst du spielen und auf Mädchen und Jungen deines Alters treffen? Es gibt in Venedig zahlreiche **Campi** ⌐ s.S. 29 wo man sich trifft und gemeinsam Spaß hat. Hier eine Aufzählung der wichtigsten, mit Angaben zu Bars, Cafés und Eisdielen, wo ihr euch stärken könnt.

Campo del Ghetto

Der Campo del Ghetto hat eine lange Geschichte, deren Spuren heute noch sichtbar sind. ⌐ s.S. 93. In unserer Zeit ist er aber in erster Linie zu einem netten Treffpunkt für Kids und Jugendliche geworden. Sie treffen sich hier in ihrer Freizeit, spielen und verbringen Zeit miteinander. Vor allem im Sommer ist hier das Reich der Roller-Skater, die mit atemberaubender Geschwindigkeit über den neuen Belag flitzen. Wenn du Telefonwertkarten oder Ähnliches sammelst, merk dir, dass Anfang September, kurz vor Schulbeginn hier ein **Flohmarkt** und ein **Volksfest** stattfinden. Die Kids organisieren hier einen Markt mit Secondhand-Produkten, da findest du dann Comics, Bücher, Spielzeug und Kuriositäten aller Art.

Die Bar Ai Quattro Rusteghi ist auch ein Self-Service-Restaurant, es liegt direkt am Campo und bietet sich an für süße Leckerein und pikante Imbisse.

Campo Santa Maria Formosa

Nur fünf Minuten vom *Markusplatz* ⌐ s.S. 81-85, entfernt ist dies einer der größten Plätze der Stadt. Vor allem am Nachmittag ist hier viel los. Wenn du ein Ballfan bist und gerne Fußball und Volleyball spielst, dann bist du hier richtig! Du wirst sehen, da geht's rund, alle machen bei irgendeinem Spiel mit: Rad fahren, Rollerskating, Zeichenwettbewerbe mit Straßenmalkreiden, Seilspringen, oder, wenn's sehr heiß ist, Schlachten mit der Wasserpistole (kann ganz leicht am Brunnen in der Mitte des Platzes nachgeladen werden!)

In der nahe gelegenen Calle San Lio findest du die Boutique del Gelato, die nach bester Konditorart hervorragendes Eis erzeugt, eines der besten von ganz Venedig.

Auf der einen Seite des Campo steht die Kirche **Santa Maria Formosa** ⌒ s.S. 111 mit einigen Werken berühmter venezianischer Maler, darunter ein schönes Gemälde von *Jacopo Palma il Vecchio* (*die heilige Barbara mit Heiligen*, ungefähr 1510).

In der Konditorei Marchini, die für ihre große Auswahl an Produkten aus eigener Erzeugung bekannt ist, wird dir die Wahl schwer fallen: traditionelle Konditor-Süßigkeiten (wir empfehlen dir z.B. schokoladeüberzogene Waffeln, gefüllt mit Kaffeekrem), aber auch typisch venezianische Spezialitäten (Bussolai, Sbreghette, Basi di Dama, Spumiglie). Beim Ponte delle Paste gleich nahe dem Campo Santa Maria Formosa.

Genau gegenüber der Kirche findest du in einem kleinen Haus, das auf den Kanal hinausgeht, die Bar Zanzibar. Dort gibt es viele Eissorten, Panini, Toast, Milkshakes, frische Säfte.

Campo Santo Stefano

Dieser Campo nahe der *Accademia-Brücke* ⌒ s.S. 34, ist einer der größten in Venedig. Bekannt vor allem wegen der Statue des Patrioten und Gelehrten *Nicolò Tommaseo*, den die Venezianer scherzhaft "*Cagalibri*" (Bücherscheißer) nennen (seht ihn euch mal von der Seite an, dann wisst ihr, warum!), fanden hier einmal *Stierrennen* und *Karnevalsbälle* statt. ⌒ s.S. 52 Jetzt ist der Campo voll spielender Kinder: Rad fahren, Rollerskates, Skateboards, Seilspringen, Gummitwist, vor allem aber Fußballmatches mit Schüssen an die Kirchenmauer erfreuen sich großer Beliebtheit.

In der Calle della Mandorla zwischen dem Campo Manin und dem Campo Sant'Angelo liegt das Ristorante-Pizzeria Rosa Rossa Sie bietet eine große Auswahl an Gerichten zu akzeptablen Preisen und darüber hinaus noch eine Pizzakarte für alle Geschmäcker.

Und lass dir die delikaten Eissorten der Gelateria Paolin nicht entgehen!

Campo Santa Margherita

Er liegt mitten im Herzen des *sestiere Dorsoduro* ↗ s.S. 31; hier ist durch den Obst- und Gemüsemarkt unter freiem Himmel immer was los, auch die vielen Geschäfte und die Cafés sprudeln nur so vor Menschen. Normalerweise treffen sich hier die venezianischen Jungen, um Fußball oder Volleyball zu spielen; die Mädchen spielen mit dem frullo, einem Ball an einer Schnur, den man um den Knöchel eines Fußes kreisen lässt, während man mit dem anderen darüber springt. Neben den altbekannten Spielen wie Rollschuh- oder Fahrradrennen oder auch *Campanon* (Tempelhüpfen: nummerierte Kästchen, die mit Kreide auf den Boden gezeichnet werden und in die man auf nur einem Bein springt), werden auch Mannschaftsspiele gespielt wie z.B. *Versteclien* oder *Rubabandiera*.

Da es hier viele Studenten gibt, findet man auch genügend Bars und Cafés: Nicht zu verachten sind die ganz ausgezeichneten Pizzaschnitten von Pizza al Volo, die Tramezzini im Café Bar Rosso, die hausgemachten Eissorten im Causin, wie geeiste Sahne (Eis-Sahne zwischen zwei Waffelblättern), die Mini-Mousse-Portionen aus Kaffee- und Schokoladekrem und das "Moretti"-Eis (Sahneeis mit Schokolade überzogen).

Campo San Polo

Der ausgedehnte Platz des Campo wird heute von Fußballteams jeglichen Alters bespielt. Auch das Fahrrad, Rollschuhe und vor allem Gummitwist sind sehr beliebt: ein kompliziertes Überkreuz-Verdrehspiel mit Gummibändern, die um die Knöchel von 2 SpielerInnen geschlungen werden. Die Dritte springt geschickt auf und zwischen den Bändern herum. Im Mai, gegen Ende des Schuljahres, kannst du hier am Platz günstig einkaufen: Kinder organisieren hier einen **Flohmarkt**, bei dem es von allem etwas gibt: Bücher, Comics, jede Art von Spielzeug und Sammelobjekte wie Stickers oder Telefonwertkarten…

Campo San Giacomo dell'Orio

Diesen ruhigen Campo mit gleichnamiger **Kirche** findest du im Sestiere Santa Croce ⌢ s.S. 31 gleich bei der Vaporetto-Haltestelle *San Stae*. Der seltsame Name des Platzes soll von einem Lorbeerbaum (=*alloro – orio*) kommen, der früher einmal neben der Kirche stand. Die Bepflasterung wurde kürzlich erneuert, sehr zur Freude der Kinder, die sich hier zum Ballspielen, Rollschuhfahren oder Radfahren treffen, *Campanon* spielen oder mit Straßenmalkreiden zeichnen.

Eine Verschnaufpause? Da ist die Pasticceria Majer ideal! Köstliches Gebäck, Muffins mit Yoghurt und Früchten, Fladenbrote und typisch venezianische Kuchen wie sbrisolona (Streuselkuchen) und Tiramisù sowie winzige Schokoladen-Mousse-Törtchen- alles, was das Herz begehrt, und noch dazu aus eigener Herstellung!

Die Polizisten

Da es keine Autos gibt, haben die Polizisten hier weniger zu tun als in anderen Städten. Manchmal haben sie sogar Zeit, sich in die Spiele der Kinder einzumischen und sorgen dafür, dass die Spiele beendet werden, die in Venedig – auf Grund einer seltsamen städtischen Verordnung – nicht erlaubt sind (Rad fahren, Rollschuh fahren, Skateboard fahren, Ball spielen: eigentlich fast alles!). Zum Glück sind die Polizisten meistens jedoch sehr nachsichtig. Wenn das mal nicht so sein sollte, bleibt euch nichts anderes übrig, als es den venezianischen Kindern gleich zu tun: Sie schnappen sich ihren Ball (oder was auch immer) und räumen das Feld!

Es zahlt sich wirklich aus, rasch einen Sprung zum nahen Campo Nazario Sauro zu machen. Dort findest du die Gelateria Alaska mit ihrem ganz ausgezeichneten Eis. Es ist von höchster Qualität und wird in vielen originellen Sorten angeboten: Neben den klassischen Creme-Eis- und Fruchteissorten kannst du auch Birnen-, Feigen-, Sellerie-, Karotten-, Malz- und sogar Cornflakes-Eis probieren!

Spiele und Redensarten

Kibacheba

Das ist eine Art Fußballspiel, das nur zu zweit gespielt wird. So ist jeder gleichzeitig Stürmer, Verteidiger und Tormann. Um auf das gegnerische Tor zu zielen, darfst du dich höchstens bis zur Hälfte des Spielfeldes vorwagen.

Piera alta

oder "hoher Stein": ein Kind muss die anderen fangen, die können sich in Sicherheit bringen, indem sie irgendwo hinaufsteigen, z.B. auf eine Stufe.

Mea!

Das ist einfach Verstecken auf venezianisch.

Ghe!

Das ist das Fangenspiel

Ocio!

Das heißt: *Achtung!* und wird den Spielern der eigenen Mannschaft zugerufen, wenn ein besonders scharfer Schuss kommt.

Ostrega!

Wörtlich heißt das "Auster" und ist ein Ausruf, der Überraschung oder Missbilligung ausdrücken soll.

Das blaue Labor und die Ludothek

Spielen, Spaß haben und neue Freunde finden – genau dafür wurden diese beiden Räumlichkeiten geschaffen. Alle, die wollen, können hier mitmachen - nicht nur Kinder aus Venedig.

Das blaue Labor

Das ist eine nette Buchhandlung auf dem Campo del Ghetto (Sestiere Cannaregio), in der Nähe des Bahnhofs und der Vaporetto-Haltestelle San Marcuola.

Sie ist auf Kinder- und Jugendliteratur spezialisiert, organisiert verschiedene Kurse, die auch über mehrere Tage gehen können: Geschichtenlesen, Töpfern, Basteln mit Altpapier, Fotografieren, Salzteigformen, Jonglieren, etc.

Großes Halloween-Fest

Am 31. Oktober organisiert das blaue Labor ein großes Halloween-Fest. Einige Tage vorher trifft man sich in der Buchhandlung, um alles vorzubereiten und Masken und Kostüme zu basteln. Das macht allen Spaß!

Die Ludothek

Du suchst einen Ort, an dem es Unmengen von Spielen gibt, von einfachen Bausteinen bis zu Videospielen, und das alles frei zu deiner Verfügung? Du hast Glück, das gibt's tatsächlich… Luna nel pozzo (der Mond im Brunnen) ist so ein Ort! Du musst dich einfach nur einschreiben und bekommst eine Jahreskarte. Damit hast du die Möglichkeit, aus über 500 Spielen zu wählen, die hier zu deiner Verfügung stehen. Du kannst sie dir auch ausleihen und nach Hause oder ins Hotel mitnehmen (max. 15 Tage lang), dafür musst du eine geringe Leihgebühr entrichten. Mit der Karte kannst du auch gratis an Workshops teilnehmen, die von der Ludothek organisiert werden oder du kannst Malkurse und Yoga für Kinder besuchen, Origami falten, Marmorpapier herstellen, Marionetten basteln, und vieles mehr.

Ludotek La Luna nel Pozzo
Santa Maria Ausiliatrice
Castello 450
Telefon: 041 5204616
Geöffnet 14.30 - 18.30
Samstag und Sonntag geschlossen
Giardini

Spielen, kreativ sein und die Natur beobachten

In der Calle de le Bande (bei der Rialto-Brücke und der Calle Lunga San Lio) gibt es ein Geschäft, das sich auf Spiele aller Art für jedes Alter spezialisiert hat.
Neben einer gut ausgestatteten Jonglierabteilung und Lernspielzeug für die Kleinsten findest du dort auch eine riesige Auswahl an Brettspielen. Wer ganz neugierig ist, kann sich mit gewitzten Denksportaufgaben, ungewöhnlichem Zubehör und originellen Artikeln wie dem "Zauberball" oder dem "fliegenden Kreisel" vergnügen. Spannend ist auch die wissenschaftliche Abteilung, wo es Einiges zur Beobachtung der Natur und der Umwelt gibt.

Lanterna Magica
Calle de le Bande
Castello 5379
Giardini

Spielen im Grünen

Parco Ca' Savorgnan

Er liegt im Sestiere Cannaregio ↶ s.S. 31, zwischen dem *Bahnhof* und der *Ponte delle Guglie*. Ein wunderbar grüner Park, sauber und gut gepflegt. Du kannst hier Ball spielen, Rad fahren, Seil springen, mit Spielautos Wettrennen veranstalten oder Wasserpistolenkämpfe austragen (natürlich gibt es einen Brunnen!); für Unterhaltung sorgen auch ein Karussell, Schaukeln, Rutschen, Wippen, ein Holzhäuschen und sogar Tischtennis-Tische (Bälle und Schläger musst du aber selbst mitbringen).

🏛 San Marcuola, Ponte delle Guglie

Parco Ca' Savorgnan
8 - 19 Uhr im Sommer
8 - 18 im Winter

Giardini della Biennale

Für die Allerkleinsten gibt es in einer der wenigen grünen Lungen der Lagunenstadt viele Spielgeräte aus Holz: Häuschen, Schaukeln, Rutschen, Wipppferdchen, aber auch einen Hindernis-Parcours und Kletterseile.
Nahe den **Biennale-Pavillons** gelegen ↶ s.S. 151 ist dieser Park leicht zu Fuß erreichbar (ein netter Spaziergang vom *Markusplatz* entlang der *Riva degli Schiavoni*), aber auch mit dem Vaporetto.

🏛 Giardini

Giardini di Sant'Elena

Das ist sicherlich der weitläufigste öffentlich zugängliche Grünbereich in der Stadt. Mitten im wunderschönen Pinienwald der *Insel Sant'Elena* — wo sich auch das **Fußballstadion** befindet – gibt es Plätze für Picknicks und weite Flächen zum Basketball spielen, für Fußball, Volleyball und zum Skaten. Im Park gibt es Schaukeln, Rutschen, Wippen und vieles mehr. Damit ist dieser Park ideal für junge Menschen jeden Alters, von den ganz Kleinen bis zu den Größeren.

🏛 Sant'Elena

Ein Nachmittag im Schwimmbad

In Venedig gibt es zwei erst kürzlich erbaute Schwimmbäder, wo du nach Lust und Laune schwimmen oder auch einen Schwimmkurs mit einem Trainer machen kannst.

Sant'Alvise-Schwimmbad

Nicht weit vom Bahnhof liegt dieses Schwimmbad im **Park der Villa Groggia**, in der sich eine öffentliche Bücherei befindet. Es gibt Schwimmkurse mit einem Trainer, aber auch freie Schwimmzeiten, wenn du schon gut schwimmen kannst.

Piscina Sant'Alvise
Cannaregio 3161
Telefon 041 713567
Sant'Alvise

Sacca Fisola-Schwimmbad

Das moderne Schwimmbad von *Sacca Fisola* liegt auf der gleichnamigen Insel und ist mit dem Vaporetto erreichbar, das den *Giudecca-Kanal* quert. Das ganze Jahr über gibt es Schwimmkurse im Block zu 12 Stunden, je 2 pro Woche, ausgenommen im Juli und August, da bleibt das Schwimmbad geschlossen. Es gibt auch die Möglichkeit, nach Lust und Laune zu schwimmen da genügt dann eine Eintrittskarte. Unbedingt mitbringen: Badekleidung, Schwimmhaube (Pflicht), Badeschuhe und Bademantel. Im Schwimmbad ist die Benützung von Warmwasserduschen und Haartrockner inklusive.

Piscina comunale
isola di Sacca San Biagio
Sacca Fisola
Telefon 041 5285430
Sacca Fisola

Spannendes und Wissenswertes

Was ist der Phönix (Fenice)?

Symbol des gleichnamigen venezianischen Theaters, nach der Legende ein Vogel, der aus der eigenen Asche wieder neu ersteht. Seltsamerweise scheint dies auch das traurige Schicksal des *Teatro la Fenice* zu sein, das schon mehrmals niederbrannte, so z.B. am 12. Dezember 1836, und, erst vor wenigen Jahren, am 29. Januar 1996.

Was ist das berühmte Venezianische "Ridotto"?

Das war das erste öffentliche Spielcasino in Europa, vom Dogen *Marco Dandolo* 1638 eingeführt. In diesem Casino, das der Regierung gehörte, wurden jeden Abend Besitz und Reichtümer am grünen Tisch verspielt; die Spieler mussten maskiert sein, um eingelassen zu werden. 1774 wurde das *Ridotto* geschlossen, weil allzu viele Venezianer wegen dieses schrecklichen Lasters plötzlich nur mehr "in Unterhosen dastanden", also ins Elend gestürzt wurden. Ganz scheint der Spieltrieb in Venedig nicht verloren gegangen zu sein: noch heute gibt es ein **städtisches Casino**, das seinen Sitz in den glanzvollen Räumlichkeiten des *Ca' Vendramin Calergi* s.S. 37 hat.

Wie viele Gondeln sind derzeit in Venedig im Einsatz?

Ungefähr 350; sie sind das Arbeitsgerät für ein Gewerbe, das noch bis vor kurzem ganz streng nur vom Vater auf den Sohn vererbt wurde. Erst seit kurzem können nach dem Bestehen eines Auswahlverfahrens alle, die davon träumen, Gondoliere werden. s.S. 43-46

Warum heißt ein Glas Wein auf venezianisch "ombra" (Schatten)?

Der Grund: früher gab es auf dem Markusplatz, am Fuße des großen Campanile, dem "Hausherrn" Venedigs, viele Weinverkaufsstände, die offenen Wein ausschenkten. Dieser stand im Schatten, damit er frisch blieb.

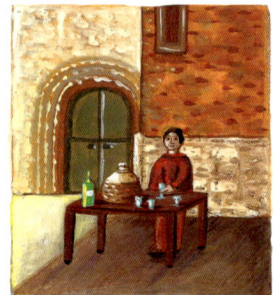

Gibt es einen verwunschenen Palazzo am Canal Grande?

Das ist der **Ca' Dario**, der, so sagt man, seinen Besitzern Unglück bringt. Tatsache ist, dass einige davon unter sehr mysteriösen Umständen zu Tode kamen.

Welche Hotels machten den Lido am Beginn des 20. Jh. berühmt?

Das Excelsior Hotel mit seiner Fassade im maurischen Stil (zu seiner Zeit das größte Hotel der Welt) und das **Grand Hotel des Bains** (auch heute noch wundervoll im *Art Déco-Stil*) zogen rasch reiche und anspruchs-volle Gäste aus aller Welt an. So wurde der Lido zum berühmtesten und angesagtesten Urlaubsstrand Europas. Die charakteristischen Häuschen, die du am Strand siehst, sind bequeme Umkleidekabinen für die Badegäste. s.S. 115

Stimmt es, dass die Arbeiter vom Arsenal innerhalb von 24 Stunden eine komplette Galeere bauen konnten?

Ja, es heißt, die Arsenalotti s.S. 99 konnten so tüchtig zulangen, dass sie in der Lage waren, ein Kriegsschiff in nur einem Arbeitstag fertig zu stellen. Heinrich III, König von Frankreich nahm nur an einem Empfang teil, und in dieser Zeit konnte er erleben, wie eine *venezianische Galeere* gebaut und bis in die Details fertig gestellt wurde. s.S. 41 Es war dies ein versteckter Wink, um zu demonstrieren, wie mächtig die Serenissima war und wie rasch sie organisatorisch im Falle eines Angriffs oder wenn es notwendig wäre, agieren konnte: er tat seine Wirkung.

Welche berühmten Filme wurden in Venedig gedreht?

Die einzigartige Stadtlandschaft Venedigs ist als Filmkulisse etwas ganz Besonderes und steht bei den Filmemachern hoch im Kurs; sehr viele Streifen wurden hier gedreht, denken wir nur an *James Bond – Moonraker* mit *Roger Moore* oder *Indiana Jones und der letzte Kreuzzug* mit *Harrison Ford* und *Sean Connery*.

INDIANA JONES

Folklore

Ein paar Wörter venezianisch
Sprichwörter und Redensarten
Lieder und Reime
Eine venezianische Fabel
Ein Gedicht über Venedig

Ein paar Wörter venezianisch

Selbst wenn du italienisch kannst, verstehst du auch die Bedeutung von Wörtern im venezianischen Dialekt? Falls nicht, findest du hier einige allgemein gebräuchliche Wörter und ihre Entsprechung in Italienisch und Deutsch.

Kleines Glossar venezianisch – deutsch

Ancùo	*Heute*	Papussa	*Hausschuh*
Anelo	*Ring*	Pesse	*Fisch*
Bala	*Ball*	Piron	*Gabel*
Boresso	*Kichern*	Poareto	*Armer*
Botega	*Geschäft*	Puteo	*Kind*
Calegher	*Schuhmacher*	Recia	*Ohr*
Ciacolar	*Plaudern*	Satta	*Pfote*
Ciapar	*Nehmen*	Scagio	*Achsel*
Degheio	*Durcheinander*	Scarsea	*Tasche*
Famegia	*Familie*	Schei	*Geld*
Fio	*Junge*	Scoasse	*Abfall*
Fia	*Mädchen*	Servelo	*Gehirn*
Gnanca	*Nicht einmal*	Sior	*Herr*
Imbriago	*Betrunken*	Tecia	*Topf*
Impissar	*Einschalten*	Toco	*Stück*
Insemenìo	*Dummkopf*	Tola	*Tisch*
Leon	*Löwe*	Vecio	*Alt*
Musso	*Esel*	Verzer	*Öffnen*
Ongia	*Nagel*	Vardar	*Schauen*

Sprichwörter und Redensarten

Xe più fadiga taser che parlar

Schweigen ist schwieriger als reden

Saco vodo non sta drito

Ein leerer Sack steht nicht. (Wer nicht genug isst, hat keine Kraft)

A chi no vol far fadighe, el teren ghe produse ortighe

Wer sich im Garten nicht anstrengen will, bei dem wachsen nur
Brennnesseln (wer was erreichen will, muss etwas dafür tun)

Chi vol star ben, toga le robe come che le vien

Wer es gut haben will, muss die Dinge nehmen wie sie kommen.

El pesse grosso magna el picolo

Der große Fisch frisst den kleinen (der Starke gewinnt immer)

Bronsa coverta

Stille Wasser sind tief (Wer nach außen hin ruhig erscheint,
ist manchmal innerlich genau das Gegenteil)

I venexiani nasse strachi e vive par riposar

Die Venezianer werden müde geboren und leben, um sich auszuruhen
(Bissiger Kommentar über die Faulheit der Venezianer)

Xe megio oseo de bosco che de gabia

Lieber ein Vogel im Wald als im Käfig
(Freiheit ist unbezahlbar)

Vicentini magnagati, Veronesi tuti mati,
Padoani gran dotori, Venexiani gran siori.
E de Rovigo? De Rovigo no m'intrigo!

Die aus Vicenza essen Katzen, die aus Verona sind alle verrückt, die aus Padua alles Dok-
toren, die Venezianer große Herren. Und die aus Rovigo? Von denen sag ich lieber gar nichts!

Lieder und Reime

Es gibt viele Lieder, die sich mit Venedig beschäftigen, wie z.B. *Marieta monta in gondola, El vecio gondolier* oder la *festa del Redentor*. Ein typisch venezianisches Volkslied, das du auch von den Gondolieri hören wirst, ist *La biondina in gondoleta* (das blonde Mädchen in der Gondel). Es erzählt die Geschichte eines hübschen blonden Mädchens, das in der Gondel spazieren gefahren wird.

La biondina in gondoleta

La biondina in gondoleta - Das Blondchen in der kleinen Gondel
L'altra sera go menà, - Stieg gestern Abend zu mir herein
Dal piaser la povereta - Und voller Behagen schlief
La s'ha in bota indormenzà. - Das arme Ding dann plötzlich ein
Una sola bavesela - Nur eine kleine Brise
Sventolava i so caveli - Bewegte sanft ihr Haar
E faceva che dai veli - Und entdeckte mir unter dem Kleide
Sconto el sen no fusse più. - Ihre Brust, und auch nicht mehr
Perchè, oh Dio, che bele cosse - Warum, oh Gott, hab ich nur der Dinge so wunderbar
Che go dito e che go fato - Gesagt wohl und getan
No, mai più tanto beato - Nein, nie wieder werde ich
Ai me zorni non sarò. - So glücklich wie damals sein

Einer der berühmtesten Reime ist sicher jener vom *heiligen Martin*. Die Kinder in Venedig singen ihn am 11. November (dem Namenstag des Heiligen), wenn sie von Haus zu Haus gehen und kleine Geschenke einsammeln. Dazu machen sie mit Deckeln und Töpfen Musik. s.S. 63

San Martin

San Martin xe andà in soffita - Der heilige Martin stieg bis unter Dach
a trovar ea so novissa. - seine Verlobte wollte er treffen
So novissa no ghe gera - Doch die Verlobte war nicht dort
San Martin xe cascà par tera! - Da fiel der heilige Martin zu Boden an dem Ort
E col nostro sachetin - Und mit unserem Säcklein fein
Ve cantaremo el San Martin! - Singen wir heute vom Martin mit dem Heiligenschein

Ein venezianisches Märchen

Der wilde Mann

Dieses alte venezianische Märchen erzählt die Abenteuer von
Toni, der erst durch den wilden Mann lernte, sich schlau zu verhalten. Noch heute
findet man in Venedig in der Nähe des heutigen Postamtes hinter dem Markusplatz
den *Ramo* und die *Calle del Salvadego* (zum wilden Mann) s.S. 81-85

Es war einmal eine Mutter, die hatte sieben Söhne; die ersten sechs waren tüchtig
und arbeitsam, aber der siebente, Toni genannt, obzwar groß und kräftig, war ein
Taugenichts und dachte nur daran, sich den Bauch vollzuschlagen. Eines Tages nun
wurde die Mutter wütend, weil Toni schon wieder eine seiner Missetaten geliefert hatte
und jagte ihn verärgert von zu Hause fort. Und so streifte Toni umher und wusste
nicht, wohin er gehen sollte, bis er in der Nähe des Markusplatzes dem wilden Mann
begegnete. Ein riesengroßer, dicker Mann war das, mit einem langen schwarzen
Schnurrbart und zwei Händen so groß wie Mühlenflügel. Seine Nase war übersät von
Knubbeln und seine kugelrunden Augen glichen zwei riesigen Billardkugeln.
Und erst sein Mund: wenn er ihn öffnete, um zu sprechen, sah man in ihn hinein
wie in einen Backofen, so riesig war er. Toni war zu Tode erschrocken und wollte
schnurstracks die Beine in die Hand nehmen, als der wilde Mann ihn ansprach:

"Wo willst du denn hin, junger Mann, jetzt, wo dich deine Mutter aus dem Haus gejagt hat? Ich schlage dir einen Handel vor: du trittst in meine Dienste ein und wirst sehen, du wirst es nicht bereuen. Wenn du nach einem Jahr nicht zufrieden bist, kannst du zu deiner Mutter und deinen sechs Brüdern zurückkehren." Toni wunderte sich, dass der Mann so viele Einzelheiten aus seinem Leben kannte und obwohl er furchtbare Angst hatte, weil der riesige Kerl so schrecklich aussah, so begriff er doch, dass er keine andere Wahl hatte, und willigte in den Handel ein.

Ein Jahr verging und Toni konnte sich wirklich nicht über die Behandlung beklagen, die der wilde Mann ihm angedeihen ließ: als Lohn für seine Dienste erhielt er schöne Kleider, wohnte in seinem Palast gleich hinter dem Markusplatz und bekam so viel zu essen, wie er nur wollte. Da er aber anfing, Sehnsucht nach seiner Familie zu verspüren, bat er eines schönen Tages den wilden Mann, seiner Mutter und den Brüdern einen Besuch abstatten zu dürfen. Der wilde Mann erlaubte es ihm und gab ihm noch einen Esel als Geschenk. Er sagte: "Ich mache dich darauf aufmerksam, Toni, sag dem Esel nie, er solle sein Geschäft verrichten, sonst gibt es ein Kuddelmuddel". Aber Toni, der schrecklich neugierig war, wollte wissen, kaum hatte er den Palast verlassen, was es damit auf sich hatte und probierte es aus.

Und so befal er dem Esel:" Verrichte dein Geschäft!" und der tat nun nicht, was man glauben würde, sondern begann Rubine, Diamanten und Smaragde zu kacken. Jetzt muss aber gesagt werden, dass der wilde Mann, wie viele von euch vielleicht schon begriffen haben, in Wirklichkeit ein sehr mächtiger Zauberer war, der Toni nur auf die Probe stellen wollte.

Ganz glücklich über seine Entdeckung, kam Toni nun in die Gegend um die Rialto-Brücke, die auf halbem Weg zu seinem Zuhause lag. Er war ein wenig müde und da es auch schon Abend wurde, beschloss er, in einem Gasthaus einzukehren. Da er nicht nur neugierig, sondern auch ziemlich dumm war, entschlüpfte ihm im Gespräch mit dem Wirt der Satz: "… Ich mache Euch aufmerksam, bringt diesen verzauberten Esel in Sicherheit, weil der kackt Edelsteine und nichts anderes, wenn man ihm anschafft, er soll sein Geschäft verrichten".

Der Wirt hingegen, der ein richtiger Schlaukopf war, brachte Toni an diesem Abend so viel zu essen und zu trinken, bis dieser fast platzte; dann steckte er ihn ins Bett, sodass er schnarchte wie eine alte Lokomotive. Er schlich sich in den Stall, um mit eigenen Augen zu überprüfen, ob Toni wirklich die Wahrheit erzählt hatte.

Nachdem er festgestellt hatte, dass der Esel tatsächlich wertvollste Edelsteine produzierte, sobald man ihm anschaffte: "Verrichte dein Geschäft", war er so gewitzt, ihn gegen einen stinknormalen Esel auszutauschen, und behielt den Zauberesel selbst.

Am folgenden Morgen schnappte sich der einfältige Toni den Esel, von dem er glaubte, dass es der seine wäre, und marschierte nach Hause. Kaum war er angekommen, war er ganz begierig darauf, seiner Mutter und den Brüdern das Geschenk vorzuführen, das er vom wilden Mann erhalten hatte. Groß war jedoch die Überraschung, als der Esel, nachdem Toni der Mutter aufgetragen hatte, sie solle die schönsten, nach Rosen und Lavendel duftenden Betttücher ausbreiten, darauf wirklich nur sein Geschäft verrichtete, und zwar auf die einzige Art und Weise, wie er es schon immer gewohnt war.

Mitten in dem allgemeinen Durcheinander, dem Gestank und dem Geschrei der Mutter, die angesichts dieses Vorführung zornig wurde und Toni verprügeln wollte, begriff dieser, dass ihm nichts anderes übrig blieb, als sich wieder aus dem Staub zu machen. Und so kehrte er wieder, kleinlaut geworden, zum wilden Mann zurück, der, als er erfuhr, wie die Dinge gelaufen waren, sehr wütend wurde und Toni nicht wenig ausschalt. Doch schlussendlich entschloss er sich doch, ihn wieder in seine Dienste im Palast aufzunehmen. Nach zwei Jahren aber bekam Toni abermals Sehnsucht und verspürte den Wunsch, seine Familie zu sehen. Der wilde Mann gestattete ihm, von dannen zu ziehen und diesmal schenkte er ihm eine Stoffserviette, machte ihn jedoch darauf aufmerksam, dass er nie sagen solle: "Falte dich auf, Serviette, falte dich wieder zusammen, Serviette!"

Toni starb fast vor Neugierde: er wollte wissen, was mit der Serviette geschehen würde, wenn man ihr diesen seltsamen Befehl erteilte. Er war erst wenige Schritte vom Palast des wilden Mannes entfernt, da zog er auch schon die Serviette hervor und sprach die Zauberworte. Die Serviette, die natürlich verhext war, faltete sich auf und füllte sich mit Gold- und Silberstücken und faltete sich dann wieder zusammen, sodass sie ein kostbares Bündel war, das sich Toni in die Tasche stecken konnte. Sobald er jedoch in dem Wirtshaus bei Rialto eingetroffen war, servierte ihm der Wirt, der, wie wir wissen, ein ganz ein Durchtriebener war, wieder zu essen und zu trinken, bis Toni, betrunken wie er war, in allen Einzelheiten die Geschichte von der Serviette zu erzählen begann, die in seiner Jackentasche steckte. Der Wirt aber brachte Toni zu Bett und ersetzte die Serviette des wilden Mannes, die aussah wie eine ganz gewöhnliche weiße Baumwollserviette, durch eine ebensolche. Auch dieses Mal wollte er vor seiner Familie gut dastehen, musste aber wieder Fersengeld geben, als seine Mutter und Brüder dachten, er mache sich einen Scherz daraus und wolle sie mit dieser komischen Geschichte von der verzauberten Serviette nur auf den Arm nehmen, obwohl es in Wirklichkeit doch nur eine ganz normale Serviette sei, so wie alle anderen, die sie im Hause hatten.

Aufs Neue kehrte Toni zum wilden Mann zurück und musste sich Vorwürfe und Schimpfereien anhören, wie er es ja auch verdiente. Er trat wieder in die Dienste des wilden Mannes und drei Jahre lang blieb er dort ohne sich zu beklagen. Gegen Ende des dritten Jahres jedoch überkam ihn wieder eine große Sehnsucht, zu seiner Familie heimzukehren, obwohl es ihm im Palast an nichts fehlte und er sehr gut behandelt wurde. Wie jedes Mal erlaubt ihm der wilde Mann, loszuziehen und übergab ihm einen Stock als Geschenk, ermahnte ihn aber, nie die Worte auszusprechen: "Stell dich auf, Stock" und auch nicht: "Leg dich nieder, Stock!". Unser Toni war neugierig wie immer und wollte den Stock ausprobieren, der doch sicher Zauberkräfte besitzen musste. Kaum hatte er den Markusplatz hinter sich gelassen zog er daher den Stock aus dem Sack und sprach: "Stell dich auf, Stock!"

Das hätte er nicht tun sollen! Denn der Stock begann, auf ihn einzuprügeln und je mehr Toni versuchte, zu entwischen, desto eher kam ihm der Stock nach und schlug munter drauf los. Schließlich erinnerte sich der Leid geprüfte Toni mit letzter Kraft an den zweiten Befehl und rief schon fast tonlos: "Leg dich nieder, Stock!" Sofort schlüpfte der Stock von allein in die Tasche, sehr zur Erleichterung von Toni, der einen ganz wunden Rücken hatte.

Den ganzen Weg über, der ihn noch von dem Wirtshaus trennte, war Toni in Gedanken und dachte über die Lektion nach, die ihm soeben erteilt worden war. Als er an der Rialto-Brücke ankam, ließ er es zu, dass der Wirt ihm Speis und Trank servierte, gab aber Acht, sich ja nicht wieder zu betrinken. Gegen Ende des Mahls sagte er leichthin: "Weißt du, lieber Wirt, dass mir der wilde Mann diesmal einen verzauberten Stock geschenkt hat? Man muss bloß zu ihm sagen: "Stell dich auf, Stock" und alles, was er berührt, wird zu Gold. Ich kann's kaum erwarten, ihn meiner Familie vorzuführen!"

Als Toni zu Bett gegangen und eingeschlafen war, versammelte der Wirt Frau und Kinder um sich, denn er wollte den Zauberstock in seinen Besitz bringen und sich davon überzeugen, zu welch unglaublichen Wundertaten er im Stande sei. Ob er wohl wirklich alles zu Gold verwandelte, wie er es wollte? Er war noch nicht zufrieden mit dem, was er Toni schon gestohlen hatte, sondern wollte dieses Mal noch reicher als reich werden; seine Habgier schien wahrhaft grenzenlos. Aber auf den Befehl hin begann der Stock, nach rechts und links Schläge auszuteilen. Der Wirt, seine Frau, seine Kinder, sie alle versuchten zu fliehen, aber der Stock war schneller, erreichte sie und verprügelte sie nach Strich und Faden. Alle schrien und wussten sich nicht mehr zu helfen; schließlich musste der Wirt Toni aufwecken und flehte ihn um seine Hilfe an. Da sprach Toni:" Sicher kann ich dir helfen, aber zuerst will ich alles zurück, was du mir gestohlen hast: den Esel und die Zauberserviette". Der Wirt, der keinen anderen Ausweg sah, um diesem Prügelregen ein Ende zu bereiten, der ihn und seine Familie ohne Unterlass verfolgte, willigte ein. Da befahl Toni: "Leg dich nieder, Stock!" und der Stock schlüpfte wieder in seinen Sack. Nachdem er seine Schätze wiederhatte, konnte Toni nach Hause zurückkehren, in der Gewissheit, diesmal wirklich willkommen zu sein. Die verzauberten Geschenke brachten seiner Familie Wohlstand und Reichtum, sie zogen in einen schönen Palast am Canal Grande. Toni, der dank des wilden Mannes seine Lektion gelernt hatte, gewann an Weisheit und wurde auch weniger gefräßig.

Venedig: ein Gedicht

Es gibt eine Stadt auf dieser Welt

Spannendes und Wissenswertes

Was ist Harry's Bar?

Eine berühmte Bar und ein Restaurant nahe dem Markusplatz, das von vielen Amerikanern besucht wird (es war die Lieblingsbar von *Ernest Heminway*, dem amerikanischen Schriftsteller). Eine Spezialität, die der Besitzer, *Arrigo Cipriani* erfunden hat, ist der berühmte *Bellini-Cocktail*, gemixt aus dem Saft weißer Pfirsiche und Prosecco. s.S. 113

Was sind die Barbacani und die Mascheroni?

Das sind Holzvorbalken, die auf der Höhe des ersten Stocks verlegt wurden und die Nutzfläche des Wohnbereichs vergrößern, ohne die Straße darunter schmäler zu machen. Mascheroni sind Menschenköpfe oder groteske Figuren, die aus Stein gemeißelt wurden. Sie waren ein Schmuckelement an der Fassade der Paläste.

Warum findet man am Ende der Mercerie, gleich beim Uhrturm am Markusplatz, den in Stein gehauenen Oberkörper einer alten Frau mit einem Mörser?

Damit soll an einen seltsamen Vorfall erinnert werden, der sich 1310 während der Verschwörung des *Bajamonte Tiepolo* und *Marco Querini* ereignete. Das Komplott scheiterte, weil eine Alte, die den Lärm in der Gasse gehört hatte, sich beim Fenster hinausbeugte und dabei unabsichtlich ihren Mörser (damals ein wichtiges Küchengerät zum Zerstampfen des Salzes und der Gewürze) fallen ließ und den Anführer der Aufständischen genau auf den Kopf traf. Er war auf der Stelle tot. Zum Zeichen der Anerkennung garantierte die Stadtrepublik der Frau das kostenlose Wohnrecht und widmete ihr dieses steinerne Denkmal.

Meine Reiseerinnerungen

Mein Lieblingsfoto

Reisenotizen

Mein Bild von Venedig

Meine Hitliste

Mein Lieblingsfoto

Auf das hier abgebildete Haustor kannst du ein Foto der Sehenswürdigkeit Venedigs einkleben, die dir am besten gefallen hat.

Reisenotizen

Einfälle, Notizen, Gedanken… freie Bahn für alles, was du aufschreiben möchtest!
Hier kannst du alles festhalten, was dich in Venedig besonders beeindruckt hat.

Mein Bild von Venedig

Hast du deine Stifte und Farben zur Hand? Diese Seite ist für deine Zeichnung von Venedig reserviert, dafür, wie du die Stadt siehst, die zwischen Himmel und Erde schwebt.

VENEZIA

Meine Hitliste

Erstelle eine Hitliste davon, was dir am besten gefallen hat. Auf diesem Zeugnis kannst du Sterne als Benotung vergeben:

⭐ = mmmhh… geht so   ⭐ ⭐ = in Ordnung   ⭐ ⭐ ⭐ = wow, super!!!

Spannendes und Wissenswertes

Was ist das für eine Figur, die die Windrichtung anzeigt und auf der Spitze des Zollgebäudes bei der Kirche Santa Maria della Salute steht?

Das ist die Göttin Fortuna, auf einer goldenen Weltkugel stehend, die ihrerseits von zwei Bronze-Giganten (Atlanten) getragen wird.

Was ist die Biennale?

Die *Biennale für zeitgenössische Kunst* ist eine internationale Ausstellung, die alle zwei Jahre in den Pavillons bei den Giardini di Castello stattfindet. Bei der Kunstbiennale werden die interessantesten Werke von Künstlern aus allen Erdteilen ausgestellt; bei der *Architekturbiennale* werden Projekte, Fotos und die herausragendsten Modelle der weltweit wichtigsten Architekten gesammelt.

Was sind die venezianischen Nizioletti?

PISCINA DE FREZZARIA

Das sind Schilder, die auf die Außenmauern der Häuser gemalt werden und den Namen der Gasse / *calle, fondamenta, salizada, piscina, corte, riva, campo, ramo, sestiere, rio terà* oder *sottoportego* tragen. ↷ s.S. 29-31 Nizioletti heißt kleines Betttuch: früher wurden die Namen anscheinend auf weiße Stofffetzen geschrieben, die so ähnlich aussahen wie Betttücher.

Was erzählt man sich über die Adelsfamilie Labia?

Die Labia waren eine der reichsten Familien Venedigs. Es wird erzählt, dass *Gian Francesco Labia* am Ende eines Festessens, zu dem er andere adelige Venezianer geladen hatte, goldene Teller und Silberbesteck in den Kanal warf und meinte: "L'abia o non l'abia, sempre Labia!" (Ob ich's habe oder nicht, ein Labia werde ich immer sein). **Palazzo Labia**, der sich zwischen dem Bahnhof und der *Ponte delle Guglie* befindet, ist heute der Sitz der RAI (staatliche italienische Fernsehanstalt) für die Region Veneto.

Wichtige Adressen

Allgemeine Touristeninformationen

Apt Venezia
Telefonzentrale 041 5298711
Büro am Hauptbahnhof **Santa Lucia** *Telefon 041 5298727*
Büro auf der **piazzale Roma** (Garage) *Telefon 041 5298746*
Büro am **Markusplatz** (beim Museo Correr) *Telefon 041 5298740*
"**Venice Pavillion**" (in der Nähe von Harry's Bar) *Telefon 041 5225150*
Büro am **Lido**, Viale S.M. Elisabetta 6 *Telefon 041 5298720*
Büro am Flughafen **Marco Polo** in Tessera *Telefon 041 5415887*

Informagiovani - Jugendinfostelle
Villa Franchin, Viale Garibaldi 155, Mestre *Telefon 041 2747637*
Für Gratis-Infos und –Beratung bezüglich Reisen, Urlaub, Schule oder Arbeit.
In diesem Büro gibt es eine umfangreiche Bücherei mit vielen Zeitschriften für junge Leute und Anschlagtafeln für Kleinanzeigen und verschiedene Aktivitäten.

Cts (Studentenreisezentrum)
Dorsoduro 3252 (nahe der Ca' Foscari), San Marco 1529 *Telefon 041 5205660*
Für Infos zu Reiseangeboten für Italien und auch außerhalb mit ermäßigten Tarifen für Studenten und junge Leute unter 26.

Buchungscenter für FremdenführerInnen
Vereinigung der ReiseführerInnen San Marco750, *Telefon 041 5209038*
Geführte Touren ins jüdische Museum und in die fünf Synagogen *Telefon 041 715359*

Rolling Venice und Carta Giovani
Das sind Karten, die spezielle Ermäßigungen bei den Verkehrsbetrieben, Kinokarten, Eintrittskarten für Museen, Ausstellungen und Veranstaltungen bieten. Außerdem kann man mit ihnen in den Vertragsbetrieben überall in der Stadt günstig einkaufen.
Rolling Venice: erhältlich an jedem "Vela"-Verkaufsstand der ACTV;
Carta Giovani: Frag' einfach nach in den Informagiovani-Büros.

Internetadressen:
www.turismovenezia.it
www.govenice.org
www.virtualvenice.net
www.venetianlegends.it
www.venetia.it

WWW.

Wie bewege ich mich fort in der Stadt?

Öffentlicher Verkehr

Der öffentliche Verkehr in der Stadt wird von der ACTV ⌒ s.S. 49-50 abgewickelt. Es ist ratsam, sich vor dem Einsteigen eine Fahrkarte zu besorgen, sonst wird ein Aufpreis fällig. Die **normale Fahrkarte** gilt nur für eine Fahrt, aber man kann auch eine **Tageskarte** erwerben oder eine **3-Tagesnetzkarte**. Wer in der Region Veneto wohnhaft ist, kann die **Carta Venezia** anfordern, sodass sich die Fahrpreise stark ermäßigen. Die Verbindung von Venedig zum Festland erfolgt mit **orangefarbenen Bussen** der ACTV oder mit **blauen Bussen** der ATVO. Beide fahren von der Piazzale Roma ab.

ACTV Infos beim *Call-center VELA Telefon: 041 2424*
ATVO Infos unter der Info-nummer 041 383671

Gondel-Fähren über den Canal Grande

San Marco-Fondaco dei Turchi 8 – 13 Uhr *(außer Sonn- und Feiertage)*
Santa Sofia-Pescheria 7 – 20.55 Uhr *(Sonn- und Feiertage 7.30 – 8.55)*
San Silvestro-Riva del Carbon 8 – 14 Uhr *(außer Sonn- und Feiertage)*
San Tomà-Ca' Garzoni 7 – 20.55 Uhr *(Sonn- und Feiertage 8 – 19.55)*
San Samuele-Ca'Rezzonico 8-13.15 *(außer Sonn- und Feiertage)*
Santa Maria del Giglio-La Salute 7 – 20.55 *(im Winter 8 – 18 Uhr)*

In der Freizeit

VeNice Internet Point

Cannaregio 149 Telefon 041 2758217 (täglich von 9 – 23 Uhr geöffnet)
Möchtest du ins Internet oder willst du deine Digi-Fotos ausdrucken?
Nur zwei Schritte vom Bahnhof Santa Lucia gibt es einen Internet Point, der modernst ausgestattet ist. Hier kannst du superschnell im Internet surfen, das Fachpersonal unterstützt dich gerne. Du kannst verschiedene Services in Anspruch nehmen, Faxe schicken und bekommen, Web Cam, Ausdrucke von digitalen Medien, Scannen, CDs brennen. Außerdem kannst du vieles an Soft- und Hardware hier kaufen und weltweit telefonieren. Für Schüler und Studenten gibt es Ermäßigungen.

Fahrradverleih

Giorgio Barbieri *via Zara 5, Lido di Venezia, Telefon 041 5261490*

Shopping

Alberto Valese – Marmorpapier *(San Marco 3471)*

In seiner Werkstatt bemalt Alberto Valese Papier und Seide in Marmortechnik und von Hand nach einer alten, traditionellen Machart, die ihren Ursprung in Japan hat und danach im Mittelalter durch die Türken in ganz Europa verbreitet wurde. Im Geschäft – es liegt zwischen Campo Santo Stefano und Campo Sant'Angelo – gibt es nicht nur alles Mögliche aus Papier wie z.B. Hefte, Notizbücher, Stifteköcher, Karteikarten, Fotoalben, sondern auch Schals und Krawatten aus Seide, und alles in farblich wunderschönen Schattierungen und Musterungen.

Papier Maché *(Castello 5175)*

Möchtest du miterleben, wie eine Maske entsteht? Dann bist du hier an der richtigen Adresse: in der Calle lunga Santa Maria Formosa (in der Nähe des gleichnamigen Platzes) kannst du diese Kunstwerkstatt besichtigen, wo du die Herstellung einer Maske Schritt für Schritt verfolgen kannst: angefangen vom Anrühren des Pappmaschee-Gemisches bis zum abschließenden Dekorieren. Neben der Werkstatt gibt es auch ein Geschäft, wo ganz wunderbare Masken in allen Varianten verkauft werden.

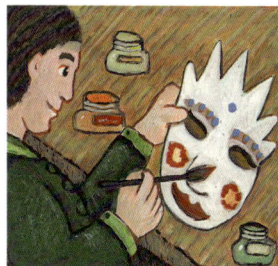

Mondonovo *(Dorsoduro 3063)*

In wen möchtest du dich verwandeln? In Sherlock Holmes oder in den Pharao Tutenchamun? Christoph Kolumbus? Pinocchio oder Calimero? Im Mondonovo fällt dir die Wahl schwer! In der kleinen Werkstatt beim Campo Santa Margherita sind ganz fantastische Masken ausgestellt, alle ausschließlich von Hand gefertigt. Sie bestehen aus Pappmaschee, sind bis ins kleinste Detail sorgfältig verarbeitet und zeigen Persönlichkeiten aus unterschiedlichen Epochen und Genres, die man stolz aufhängen und präsentieren kann, auch wenn der Karneval längst vorbei ist.

Top One *(San Polo 2718)*

Wenn du ein Geschenk brauchst oder ein Souvenir von Venedig, findest du unter den berühmten kunstvoll gestalteten Gegenständen aus Muranoglas vielleicht das Richtige. In diesem Geschäft beim Campo San Polo gibt es alles Mögliche aus Glas für jede Brieftasche: Tierfamilien, Anhänger, Ohrringe und -stecker, Armbänder, Parfumfläschchen, kleine Teller, Fotorahmen, Pillenboxen, Briefbeschwerer....alles ist aus mundgeblasenem Glas oder in der Lampentechnik hergestellt, oft auch mit Murrinen verziert.

Maga Gè *(Cannaregio 5899)*

Ein schöner Spielzeugladen in Venedig liegt direkt an der Rialtobrücke. Da gibt es Spielzeug für jedes Alter und für jedes Portemonnaie: mittelalterliches und phantastisches Miniaturspielzeug, Modelle, Superhelden und Figuren aus Comics, jede Art von Puppen mit Accessoires, erste Spielsachen für die Kleinsten, Stofftiere, Karten-, Gesellschafts- und Geschicklichkeitsspiele, Puzzles, auch solche, die berühmte Gemälde und Ansichten von Venedig darstellen, Baukästen und noch vieles mehr und vor allem immer das, was der letzte Schrei ist.

Bambolandia *(San Polo 383)*

Dieser Laden bei Campo San Polo hat eine große Auswahl an Porzellanpuppen, die von der Besitzerin selbst hergestellt werden. Dann gibt es alte Puppen (Ende 19. bis Anfang 20. Jh.), Teddybären, Zwerge, Feen und Engel, Artikel für Puppenhäuser, altes und neues Blechspielzeug, Reprints von Papier- und Ausschneidepuppen aus Viktorianischer Zeit, von Figuren aus Comics und aus Serien wie Star Trek und Star Wars. Für Liebhaber von Musik der sechziger und siebziger Jahre gibt es eine Fülle von Kuriositäten, Accessoires und Originalzubehör sowie Miniaturmodelle von berühmten Gitarren und Schlaginstrumenten von legendären Gruppen wie den Rolling Stones, den Who, Sex Pistols und vor allem den Beatles (der einzige Beatles Shop in Italien! – er kauft direkt bei Apple in London).

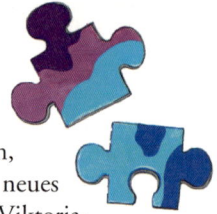

Il Baule Blu - Altes Spielzeug *(San Polo 2916)*

Möchtest du wissen, welche Spiele deine Eltern oder Großeltern gerne gespielt haben? Nur hinein in dieses ungewöhnliche Geschäft am Campo San Tomà, wo es eine große Auswahl an seltenem alten Spielzeug gibt (vom Beginn bis zu den 50er Jahren des 20. Jh.), geduldig restauriert und "wie neu" hergerichtet von den beiden Besitzerinnen, bevor die Dinge dann in die Auslage wandern. Der Laden ist im Besonderen auf Stofftiere – und hier besonders auf Bären – aller Arten und Größen spezialisiert (auch in Lebensgröße), aber es gibt auch Holzspielzeug, Puppen aus Porzellan oder Zelluloid, Marionetten und alles, was es eben in früherer Zeit so gab.

Swatch Store *(San Marco 4947)*

Zwischen San Marco und Rialto gelegen, ist dieses Geschäft das Mekka für alle Fans der berühmten Schweizer Uhren. Eine Ansammlung verrückter, bizarrer und ausgefallener, aber auch klassischer Uhren. Auch sportliche, superflache oder von berühmten Designern geschaffene Modelle gibt es hier: Unter einer Unzahl toller und spaßiger Angebote findest du auch bestimmt eine Swatch für dich.

Testolini *(San Marco 1744)*

Hinter dem Markusplatz, unweit des Orseolo-Beckens gelegen, ist der Testolini-Laden ziemlich riesig und bietet eine derart große Auswahl, was in Venedig wirklich bemerkenswert ist.

Der Papier- und Büroartikelbereich umfasst auch Künstlerbedarf und ist sehr gut bestückt; weiters gibt es auch Geschenkartikel und Produkte für den Bereich EDV.

Disney Store *(San Marco 5257)*

Am Campo San Bortolo, gleich unten bei der Rialto-Brücke. Als Untermalung flimmern hinten im Laden auf einem Riesenbildschirm pausenlos Ausschnitte aus den Filmabenteuern der sympathischen Typen aus der Disney-Truppe. Hier gibt's wirklich viel zu sehen: Uhren, Papierwaren, Videos, Stofftiere, Schnickschnack, aber auch Artikel fürs Bad, fürs Wohnen und alles mögliche Zubehör. Nicht zu vergessen die vielen Kleidersachen für alle Fans von Mickymaus und Donald.

Cacao *(Cannaregio 5583)*

Auf dem Campo Corner, zwischen San Bortolo und dem Campo SS.Apostoli liegt dieser Kleiderladen für junges Publikum. Jede Saison gibt es hier neue Stücke, die spritzig gestylt und superbunt sind, sowohl sportlich als auch elegant daherkommen und mit zahlreichen Accessoires kombiniert werden können.

D.M. Venezia *(San Marco 5545)*

Wenn du dich für Zauberer, Einhörner, Feen, Elfen und Ritter begeistern kannst oder nach *Magic, Warhammer, Raumschiff Enterprise* und *Dungeons and Dragons*-Karten verrückt bist, dann bist du in diesem Shop nur zwei Schritte von der Rialto-Brücke im Paradies! Neben den traditionell-historisch bemalten Zinnsoldaten und Sammler-Miniaturen findest du hier auch verschiedene Tischspiele, Modellbau-Artikel, Action-Figuren, ganze Armeen für *War Games* und alle Neuigkeiten aus dem *Fantasy*-Bereich. Erwähnenswert ist die Ecke mit Handbüchern für Rollenspiele und eine Riesenauswahl an japanischen Manga-Comics. Wunderschön sind die Schachbretter mit historischen Figuren, mit Heeren von Kreuzrittern oder Sarazenenkriegern oder die Armeen Napoleons gegen die englischen Truppen in der Schlacht von Waterloo.

Wichtige Telefonnummern

Carabinieri	112
Polizei	113
Feuerwehr	115
ACI Pannendienst	116
Rettung	118
Erste Hilfe	041 5294517
Tierärztlicher Notdienst	041 5294111
Stadtpolizei	041 2747070
Stadtpolizei Piazzale Roma	041 5224576
Stadtpolizei Venezia-Lido	041 5260395
Hafenpolizei	041 2405711
ACTV info: Call Center VELA	041 2424
ACTV Fundbüro	041 2722179
Taxi oder Motorboote	041 5222303
Gondelservice	041 5285075
Bahninfo	892021
Kundendienst d. Bahn	041 785670
Fundbüro d. Bahn	041 785238
Flughafen-Info	041 2609260
Flughafen-Fundbüro	041 2609222
Informationsbüro d. Stadt	041 2748080
Touristeninformationsbüro	041 5298711
APT Beschwerde-Stelle	*041 5298710*
Reiseführervereinigung	041 5209038
Info Chorus-Kirchen in Venedig	041 2750462
"Informalmente"	041 2759555
Jugendherberge Fond. Zitelle	041 5238211
Jugendherberge Santa Fosca	041 715775
Hotelreservierungsbüro	800 843006
Giorgione-Kino	041 5226298
Lido-Kino	041 5265736

Namens- und Stichwortregister

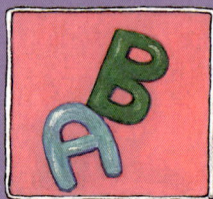